Sabine Rank · Birgit Lamla · Karin Mengele

Mobbing in der Schule
vorbeugen, erkennen und beenden

Sabine Rank · Birgit Lamla · Karin Mengele

Mobbing in der Schule

vorbeugen, erkennen und beenden

KREUZ

MIX
Papier aus verantwor-
tungsvollen Quellen
FSC® C106847

© KREUZ VERLAG
in der Verlag Herder GmbH, Freiburg im Breisgau 2013
Alle Rechte vorbehalten
www.kreuz-verlag.de

Umschlaggestaltung: Verlag Herder
Umschlagmotiv: © Laif
Autorinnenfotos: privat
Satz: de·te·pe, Aalen
Herstellung: fgb · freiburger graphische betriebe
www.fgb.de

Printed in Germany

ISBN 978-3-451-61158-2

Inhalt

Vorwort

Ein Kind muss viele Fähigkeiten entwickeln, um sich im Laufe seines Lebens gut zurechtfinden zu können. Eltern wünschen sich glückliche und lebenstüchtige Kinder, die neugierig und vielseitig interessiert ihre Welt erkunden und allmählich alles lernen, was für ihr späteres Leben wichtig erscheint. Nicht nur in kognitiver, sondern auch in emotionaler, sozialer und motorischer Hinsicht ist die Entwicklung des Individuums wichtig. Nach pädagogischem Verständnis soll der Mensch ein selbstständiges und eigenverantwortliches Leben in der Gemeinschaft mit anderen führen. Erziehung sieht also im Allgemeinen vor, Kinder und Jugendliche in ihrer Beziehungs- und Gemeinschaftsfähigkeit zu fördern und zu unterstützen. Dabei geht es insbesondere darum, Wertschätzung und Verantwortung für sich selbst und für andere zu lernen.

Pädagogische Eckpfeiler sind auch gegenseitige Anerkennung, Vertrauen und Solidarität. Wenn wir es schaffen, unseren Kindern dieses soziale »Handwerkszeug« mit auf den Weg zu geben, hätten wir eine solide Basis geschaffen. Wie schwierig aber das Leben in einer Gemeinschaft sein kann, sei es in der Familie, im Kindergarten oder in der Schule, zeigt sich tagtäglich. Oftmals ist es nicht möglich, Konflikte in der Familie oder in der Schule überhaupt zu thematisieren, geschweige denn Lösungsmöglichkeiten aufzuzeigen. So kann es passieren, dass ein Kind einen monate- oder auch jahrelangen Leidensprozess durchmacht, ohne dass man konkret darum weiß. Eltern nehmen zwar Veränderungen am Kind durchaus wahr, sind aber oftmals nicht in der Lage zu helfen, weil das Kind sich ausschweigt. Gerade Jugendliche in der Pubertät können häufig nicht aussprechen, was sie belastet.

Schulpsychologische Beratung setzt häufig nach einem langen Leidensprozess ein, dann, wenn Eltern und Kind nicht mehr weiterwissen und Hilfe in Anspruch nehmen. Vordergründig sind es schlechte Noten, die Angst, das Klassenziel nicht zu erreichen oder die Schule wechseln zu müssen, die Anlass für eine Beratung sind. Dahinter verbergen sich aber oftmals Fälle von Ausgrenzung, Einsamkeit und Mobbing.

Was ist das Besondere an diesem Buch zum Thema Mobbing? – Es sind die Falldarstellungen von drei Schulpsychologinnen, die direkt aus ihrer Praxis, aus ihrem Erfahrungsschatz durch langjährige Tätigkeit an Schulen berichten und damit einen lebendigen, aktuellen Beitrag zum Thema »Mobbing an Schulen« bieten können. Die angeführten Beispiele aus der schulpsychologischen Beratung sollen durch ihre Darstellung und Aufarbeitung Klarheit verschaffen, was Mobbing ist, wen es treffen kann, wie und von wem man im schulischen Kontext Hilfe bekommt.

Die Arbeit mit Kindern und Jugendlichen in der schulpsychologischen Beratung haben uns einen großen Erfahrungsschatz auch im Umgang mit Mobbing gegeben. Ausdrücklich möchten wir aber darauf hinweisen, dass wir Schulpsychologinnen Schweigepflicht haben und die im Buch dargelegten Fälle selbstverständlich so verfremdet wurden, damit keinerlei Rückschlüsse auf persönliche Daten gezogen werden können.

Ein ausführliches Kapitel widmen wir auch dem relativ neuen Phänomen des Cybermobbings. Da sich diese Form der Ausgrenzung nicht im schulischen Raum abspielt, sind Eltern hier besonders gefordert, um die Anzeichen zu erkennen und angemessen zu reagieren. An Fallbeispielen zeigen wir auf, was mögliche Warnsignale und Handlungsoptionen sind.

Die im Folgenden erwähnten Fragebögen wie der Angstfragebogen (AFS) und Tests sind übliche Verfahren, die in der psychologischen Beratung eingesetzt werden. Sie geben wichtige Anhaltspunkte und Daten, die für das weitere Vorgehen mit einem Kind wichtig sind. Entscheidend sind dabei auch Vergleichswerte, um abschätzen zu können, wie hoch der Leidensdruck ist. Für manche Kinder und Jugendliche ist das Ausfüllen eines Fragebogens zunächst viel leichter, als sich gleich in ein Gespräch einzulassen. In einem Beratungsprozess werden Eltern mit diesen Fragebögen vertraut gemacht. Und auch an dieser Stelle möchten wir Eltern ermuntern, sich frühzeitig mit dem Klassenlehrer, Vertrauenslehrer oder

Schulpsychologen in Verbindung zu setzen, wenn sie annehmen, dass ihr Kind von Mobbing betroffen sein könnte, oder auch dann, wenn sie von anderen Mobbingaktivitäten in der Klasse hören.

Insgesamt sollen die einzelnen Berichte von Mobbingbetroffenen Eltern wie Kindern Mut machen, die auf Dauer selbstwertzerstörende Wirkung von Mobbing nicht weiter in der trügerischen Hoffnung hinzunehmen, es werde irgendwann von alleine aufhören – das geschieht in der Regel nicht. Das Buch soll dazu ermuntern, sich zu öffnen und sich jemandem anzuvertrauen und nicht aus Angst und Scham zu schweigen und weiter unter den Mobbingattacken zu leiden. Es ist bekannt, dass das Sich-öffnen-Können und das Ansprechen von Problemen und Schwierigkeiten bereits eine entlastende, befreiende Wirkung hat. Der Volksmund kennt nicht umsonst das Sprichwort »Geteiltes Leid ist halbes Leid«. So sollen die angeführten Beispiele in diesem Buch darauf hinweisen, dass es tatsächlich Hilfe gibt. Auch sollen betroffenen Eltern Handlungsoptionen aufgezeigt werden – bei Mobbing hilft das behutsame Eingreifen mit Augenmaß, das das Kind nicht entmündigt oder zum hilflosen Opfer macht. Eltern können sich allerdings, wie im achten Kapitel gezeigt, auch zu viel einmischen und die Situation für ihre Kinder damit noch schlimmer machen.

Mobbing darf jedoch auf keinen Fall geduldet werden, denn es zerstört die Freude und die Fähigkeit, sich auf das Lernen zu konzentrieren. Die Noten der gemobbten Schüler sinken auf Dauer. Es kann sogar zu einem massiven Leistungsabfall kommen. Außerdem leidet das Selbstwertgefühl mit fataler Wirkung für die Betroffenen. Mobbing kann dazu führen, dass sich gemobbte Schüler nicht mehr in die Schule trauen, zu Hause bleiben und im schlimmsten Fall sogar die Schule abbrechen. Deshalb soll dieses Buch auch bewirken, hinzuschauen, Zivilcourage zu zeigen und alle Beteiligten darin zu bestärken, gemeinsam gegen Mobbing vorzugehen. Die Schule muss ein Lebensraum bleiben, in dem sich die Kinder beziehungsweise Schüler wohlfühlen. Denn nur wer in angstfreier Atmosphäre lernen kann, lernt nachhaltig. Lernen unter Angst erzielt keinen dauerhaften Erfolg. Mit unseren Beiträgen wollen wir Schulpsychologinnen Anregungen geben, mit Mobbing umzugehen, unseren anvertrauten Schülerinnen und Schülern Mut machen und sie stärken, damit sie sich unbeschwert an unseren Schulen entfalten können. Das gelingt jedoch nur, wenn alle Beteiligten bei Mobbing rechtzeitig eingreifen und verhindern, dass Schüler Opfer werden, Opfer von Tätern und Täterinnen, die durch das Mobben die eigenen persönlichen Defizite kompensieren müssen. Denn wer in sich gefestigt ist, muss andere nicht erniedrigen und der Lächerlichkeit preisgeben. Wenn es uns allen gelingt, jeden Einzelnen so zu stärken, dass er so sein kann und sein darf, wie er ist, gibt es kein Mobbing mehr.

Wann ist es Mobbing?

Was grenzt Mobbing eigentlich von »normalen« Hänseleien ab? An welchem Punkt verwandelt sich »harmloser Spaß« in bitteren Ernst für die betroffenen Kinder? Leider gehört Mobbing zum Schüleralltag. Laut »Focus Schule« vom Januar/Februar 2007 werden pro Woche 500 000 Kinder in Deutschland gemobbt. Das Wort kommt vom englischen »mob« (= Pöbel). Mobbing bedeutet gezieltes Hänseln, Demütigen, Lästern, Bloßstellen, Ignorieren, Drohen, Schubsen, Gerüchte verbreiten, Federmäppchen verstecken, Auslachen, Klamotten zerreißen, Ranzen ausleeren, ins Klo sperren:

deMütigen
drOhen
Beleidigen
Beschuldigen
Intrigen spinnen
beNeiden
missGünstig sein

Ein Täter »schießt« sich auf ein Opfer ein, und das passiert bei 10 bis 15 Prozent der Schulkinder. 4 Prozent trifft es besonders hart. Sie leiden massiv und meist still unter den täglichen Schikanen. Mobbing bedeutet die gezielte, systematische Aktion über einen längeren Zeitraum, wobei das Opfer alleine und ohnmächtig ist. Denn Mobber agieren häufig in der Gruppe. Ein Opfer steht meistens mehreren Tätern gegenüber: Mobbingopfer gehören zu keiner Clique und leiden einsam – manchmal bis zum Zusammenbruch. Mobbing hat System und beginnt oft harmlos, daher kann es auch jeden treffen. Es gibt also nicht das »typische« Mobbingopfer, das möglicherweise selbst schuld daran ist, dass es gemobbt wird.

Gingen Fachleute früher davon aus, dass es sowohl typische äußere Anhaltspunkte gibt, die Mobbing begünstigen, wie etwa Gewicht, Kleidung, Erscheinungsbild des Kindes als auch innere Merkmale wie Introvertiertheit, Strebsamkeit und Angepasstheit, so weiß man heute, dass es kein bestimmtes »Raster« gibt. Diese vorgeschobenen Gründe dienen nur der Rechtfertigung des Täters.

Was in der Beratung auffällt, ist die Tatsache, dass immer öfter auffallend hübsche, gutaussehende Mädchen zu Mobbingopfern werden. Das Gleiche gilt für besonders in der Schulgemeinschaft engagierte Schüler wie Klassensprecher, die dann zum Beispiel vom unterlegenen Kandidaten aus Neid ausgebremst werden. Man kann also feststellen, dass bei Mobbing der Sozialneid eine nicht zu verachtende Größe darstellt. Hierarchie- und Statuskämpfe spielen sich nicht nur auf den deutschen Chefetagen ab, sondern bereits auf dem Schulhof. Im ersten Kapitel der Falldarstellungen widmen wir uns deshalb ausführlich der Struktur dieser Mobbingfälle.

Auch ist zu beobachten, dass häufig Schüler mit guten Noten zur Zielscheibe von Mobbern werden. Um nicht als Streber zu gelten, halten einige daraufhin ihr Wissen zurück und lassen in ihrer Lernbereitschaft nach. Wer würde bei einem Leistungsabfall darauf kommen, dass er willentlich herbeigeführt wurde, damit das Opfer vermeintliche Ruhe vor weiteren Sticheleien hat?

Reagiert einmal ein Kind auf eine blöde Bemerkung mit sichtlichem Ärger oder weint es vor Wut, kommt es bei Mitschülern nicht selten zu einem Überlegenheitsgefühl. Greift jetzt niemand ein, animiert das den Mobber, der anfangs nicht einmal bei den Mitschülern beliebt ist, zu weiteren Provokationen. Das zeigt, dass er selbst unter persönlichen Defiziten leidet. Er gewinnt damit Macht über das Opfer, das zunehmend in die Ecke getrieben wird. Die anderen Mitschüler machen nun mit, sei es aus Langeweile (»Endlich ist mal was los!«) oder weil ihnen der neu gewonnene Machtstatus des Mobbers imponiert und sie ihn ebenfalls erreichen wollen.

Schülerbefragungen haben ergeben, dass es beim Mobbing fest definierte Rollen gibt: der Tyrann, der Mobber, seine Assistenten, das Opfer als Leidtragender, vielleicht ein Verteidiger des Opfers, eine den Täter unterstützende Mehrheit und Außenstehende, die mit den Schikanen nichts zu tun haben wollen, die aber auch nicht eingreifen, um sie zu verhindern. Dies kann aus Angst geschehen, selbst der oder die Nächste zu sein, oder aus Gleichgültigkeit, aus Bequemlichkeit oder Unwissenheit über die gravierenden Folgen von Mobbing.

Die Langzeitwirkung erlebter Quälereien in der Schulzeit kann sich bis weit in das Erwachsenenalter hinein auswirken und zu späterer Bindungsangst führen. Das Vertrauen in tragfähige Beziehungen leidet durch Mobbingerlebnisse nachhaltig. Deshalb ist es für Eltern sehr wichtig, mit ihrem Kind im Gespräch zu bleiben. Eltern sollten versuchen, erreichbar zu sein, wenn ihr Kind von der Schule kommt. Nur so hat man die Chance zu erfahren, was das Kind belastet. Am Abend ist das Erlebte meist so weit weg, dass es nicht mehr berichtet wird. Wenn das Kind von Schikanen der Mitschüler berichtet, darf man dies nicht bagatellisieren nach dem Motto: »Das gibt sich schon wieder!« oder: »Das bildest du dir bloß ein. Ich habe das auch erlebt. Was einen nicht umbringt, macht stark! Da muss man durch!«

Bei akutem Mobbingverdacht müssen Eltern ihre Kinder schützen und die Schule informieren, damit hier reagiert werden kann. Dies wird die Schule auch tun. Dazu gibt es verschiedene Möglichkeiten. Entweder signalisiert die Schule dem Mobber ganz eindeutig, dass sein Verhalten nicht geduldet wird und Ausreden oder halbherzige Entschuldigungen nicht akzeptiert werden. Dem Täter wird eindeutig klar gemacht, dass es für ihn sehr unangenehm wird, wenn er sein Verhalten fortsetzt. Der Mobber muss sich beim Opfer aufrichtig entschuldigen und sich eine Wiedergutmachung überlegen. Er und sein Verhalten werden weiterhin sorgfältig von den Lehrern beobachtet.

Aber es können auch andere Konzepte eingesetzt werden, zum Beispiel der »No Blame Approach« (Ansatz ohne Schuldzuweisung), bei dem es nicht vordergründig darum geht, wer der Täter ist. Die Lehrkraft teilt einer Gruppe Schülern ihre Sorge um den gemobbten Schüler mit. Gemeinsam wird dann mit mehreren Schülern – der Täter ist, ohne genannt zu werden, natürlich mit dabei – nach Unterstützungsangeboten für das Opfer gesucht. So soll erreicht werden, dass der Täter, ohne sein Gesicht zu verlieren, in die Verantwortung für das Opfer genommen wird. Ein Folgetreffen überprüft die Wirksamkeit der ausgearbeiteten Unterstützung für das Opfer. Einen anderen Lösungsweg bietet das Computerprogramm »Fear not« (= Hab keine Angst!), bei dem eine andere Schülergruppe angesprochen wird, nämlich die passiv Außenstehenden, welche in einem virtuellen Rollenspiel Konflikte erkennen und bewältigen sollen. Damit soll erreicht werden, dass sie aus ihrer Zuschauerrolle heraustreten, mit Zivilcourage bei Mobbingvorfällen einschreiten und dem Opfer helfen. Schüler sollen den Mut haben, sich einzumischen und damit den Täter in seinem Tun bremsen. Sie werden dafür sensibilisiert, Mitgefühl für das Mobbingopfer zu entwickeln, und erleben, dass man gegen Mobbing nicht machtlos ist.

Wenn es gelingt, die Mitschüler zu mutigen und mitfühlenden Menschen zu erziehen, dann hat Mobbing keine Chance und kann sogar meistens im Keim erstickt werden, denn in den überwiegenden Mobbingfällen sind der oder die Täter in der Minderheit. Der weitaus größere Teil einer Klasse kann sich also vor das Opfer stellen.

Mobbing in der Schule – Falldarstellungen und Lösungsmöglichkeiten

Gibt es ein »typisches« Mobbingopfer? Welche Signale werden möglicherweise seitens des Opfers gesendet? Wer sind die Täter? Wie gehen sie vor? Warum kann häufig erst so spät geholfen werden? Wann und wie sollten Eltern einschreiten? Welche Handlungsmöglichkeiten gibt es, die Mobbing frühzeitig aufdecken und abschaffen?

Diese und viele weitere Fragen stellen sich Betroffene und ihre Angehörigen sowie verantwortliche Pädagogen, die Zeugen von Mobbing werden. Wird eine Schülerin oder ein Schüler über einen längeren Zeitraum hinweg den negativen Handlungen einer Gruppe von Mitschülern ausgesetzt, kann er oder sie aufgrund dessen als »gemobbt« gelten. Diese psychisch belastende Lebenssituation kann jeden jederzeit treffen und ist völlig unabhängig von Geschlecht, Alter oder sozialem Hintergrund. So kann man nur in einem sehr weit gefassten Sinn von einem »typischen« Opfer sprechen, da sich auch die Lebenssituationen der Betroffenen sehr voneinander unterscheiden können, wie die folgenden Fallbeschreibungen zeigen werden. Die Frage nach dem »typischen« Mobbingopfer erfragt aber nicht nur die Rahmenbedingungen, sondern auch die Ursache und Wirkung der Mobbingsituation an sich. Sie lässt die kritische und wissenschaftlich umstrittene Frage aufkommen, ob und was das Mobbingopfer selbst zu seiner Situation beigetragen hat und ob es so etwas wie Persönlichkeitsmerkmale oder Charaktereigenschaften gibt, die die Wahrscheinlichkeit, zum Mobbingopfer zu werden, erhöhen. Es soll in diesen Fallbeschreibungen keinesfalls darum gehen, eine Mitschuld der Kinder und Jugendlichen an ihrem Schicksal zu entdecken. Man kann aber gewisse Risikofaktoren festhalten, die zu Mobbingsituationen führen können.

Folgende Fälle, die selbstverständlich anonymisiert dargestellt sind, stehen exemplarisch für eine Vielzahl von Interventionen in der schulpsychologischen Praxis und sollen aufzeigen, welche Möglichkeiten es für die Beteiligten gibt, der Opferfalle möglichst schnell zu entkommen und sich aus Verstrickungen zu lösen.

Dass Mobbing kein aktuell zu verzeichnender Trend unserer Gesellschaft ist, auch wenn die Zahlen der Fälle in der Beratung sprunghaft ansteigen, zeigt der folgende Fall, der über 20 Jahre zurückliegt, aber nachhaltig im Gedächtnis geblieben ist.

1. Wie viel Status braucht ein Kind? – Hast du was, bist du was!

Der Fall Simon – Eine Schulklasse als Straftäter

In einer siebten Klasse wird die Schulpsychologin während ihres Referendariats zum Halbjahr im Unterricht eingesetzt. Die Klasse wird vorab vom Klassenleiter als sehr schwierig, heterogen und unaufmerksam beschrieben. Es sei viel pädagogisches Geschick nötig, um den Unterrichtsstoff durchzubringen. In der Klasse gäbe es einige Rädelsführer, die das Klassenklima ungünstig beeinflussen würden. Die ersten Wochen verlaufen aber bei der Schulpsychologin diesbezüglich ganz unauffällig, die Klasse ist durchaus bemüht, sich anzustrengen und einen guten Eindruck zu machen.

Eher zufällig wird die Schulpsychologin Zeugin einer bedenklichen Situation, als sie noch während der Pause ins Klassenzimmer kommt, um dort Material für den Unterricht bereitzulegen. Die Tür zum Klassenzimmer ist zu. Drinnen ist die Klasse zu einem Kreis versammelt. Offensichtlich hatten alle die Pause dort verbracht. Durch das laute Gejohle wird die Schulpsychologin gar nicht wahrgenommen. So kann sie beobachten, wie ein Junge, der bisher unauffällig im Unterricht war und eher einen schüchternen Eindruck machte, in der Mitte des Kreises am Boden sitzt und mit den Tränen kämpft. Die meisten Mitschüler haben sich um ihn herum gruppiert. Aus einem geöffneten Federmäppchen werden dem Jungen, dessen Name Simon ist, Stifte gereicht, nachdem er einige Münzen aus seinem Geldbeutel geholt hat. Das »Spiel« wiederholt sich, das Bezahlen der Stifte wird mit großem Gejohle von den Mitschülern kommentiert. Offensichtlich befindet sich Simon in einer ausweglosen Situation, in der ihm niemand beisteht. Ein Junge gegen 31 Mitschüler!

Was war geschehen? Der Gong zum Pausenende beendet das Spiel, die Klasse bemerkt die Schulpsychologin und alle begeben sich schweigend auf ihre Plätze, legen Hefte und Bücher für den Unterricht bereit und tun so, als ob nichts gewesen sei. Nur der betroffene Junge sitzt teilnahmslos auf seinem Platz und versucht, seine Tränen verstohlen wegzuwischen.

Im anschließenden Unterricht lenkt die Schulpsychologin das Gespräch auf den Vorfall. Die Klasse reagiert zunächst schweigend, dann trauen sich Einzelne zu sagen, dass man Simon vor einigen Tagen das Federmäppchen weggenommen hatte und er nun seine eigenen Stifte mit einem bestimmten Betrag auslösen müsse. Das ziehe sich schon eine Weile hin, weil er nicht immer Geld dabei habe. Man hätte eigentlich die Sache schon längst beenden wollen.

Da ist wenig Einsicht und Verständnis bei der Klasse zu spüren, dass ihr Verhalten Simon gegenüber nicht in Ordnung ist, eher wird seine gelegentliche Zahlungsunfähigkeit noch kritisiert. Die Frage, warum man ihm sein Mäppchen weggenommen hat, bleibt unbeantwortet. Simon weint, macht einen verschämten Eindruck. Das Ganze ist ihm sichtlich peinlich. Niemand in der Klasse steht ihm bei.

In einem anschließenden Gespräch zwischen Simon und der Schulpsychologin erzählt der Junge sehr verschüchtert und sich immer wieder absichernd, dass er die Namen derer, die ihn mobben, nicht preisgeben muss. Er berichtet von mehreren Vorfällen, die von einem Jungen in der Klasse gesteuert werden, der eine große Clique um sich habe und so stark sei, dass niemand in der Klasse sich traue, ihm zu widersprechen. Insbesondere in den Pausen, vor und nach der Schule und im Sportunterricht sei er immer wieder Attacken ausgesetzt. Man beleidige und beschimpfe ihn, auch Schubsen und Treten käme vor. Er habe sich allmählich daran gewöhnt. Keiner in der Klasse sei sein Freund, er sei immer alleine. Auch sonst habe er keine Freunde, das sei schon in der Grundschule so gewesen.

Dann erzählt er schluchzend, dass er vor Kurzem nach Unterrichtsschluss von mehreren Mitschülern auf dem Weg nach Hause festgehalten worden war und man ihn in einen der großen Müllcontainer am Schulgelände geworfen hatte. Der Tonnendeckel war mit Steinen beschwert worden, so dass er sich von innen nicht mehr öffnen ließ. Sein Schreien blieb ungehört. Erst eine Stunde später hatten die Täter bei der Mutter von Simon angerufen, um ihr mitzuteilen, dass ihr Junge in einer Mülltonne eingesperrt sitze. Seine Mutter hatte sich schon Sorgen gemacht, weil er mittags nicht zur gewohnten Zeit nach Hause gekommen war. Noch ehe sie aber die Polizei rufen konnte, kam Simon nach Hause. Einige der sogenannten Mittäter hatten ihn noch vor dem Anruf bei der Mutter aus der Tonne befreit.

Simons prekäre Position des sozialen Außenseiters

Nach der zunächst bruchstückhaften Erzählung des Jungen, was passiert war, geschah – nichts. Keine Anzeige bei der Polizei, keine Mitteilung an die Schule!

Was zeigt dieses Fallbeispiel auf? Sicherlich handelt es sich um eines der drastischsten Beispiele aus der schulpsychologischen Beratung, zeugt es doch von einer enormen kriminellen Energie der jungen Menschen. Wie konnte es überhaupt so weit kommen? Welche Handlungsoptionen hat man in einem so schwerwiegenden Fall?

An diesem Beispiel lassen sich mehrere Ebenen, nämlich Eltern-, Lehrer- und Mitschülerebene sehr gut aufzeigen. Insbesondere können hier auch Erziehungsstile abgefragt werden, sowohl im Elternhaus als auch in der Schule. Dabei wären Aspekte der Wertschätzung, des gegenseitigen Respekts und der Toleranz von immenser Bedeutung.

Dieser Vorfall war Anlass für eine ganze Reihe von Maßnahmen der Schulpsychologin: Gespräch mit der Mutter des gemobbten Jungen, mit der Schulleitung, den Lehrkräften, die in der Klasse unterrichten, mit den Eltern der Jungen, die als Rädelsführer galten, mit der Klasse, Anzeige bei der Polizei durch die Mutter des gemobbten Schülers. Nicht nur mit dem Opfer wurde nachfolgend gearbeitet, sondern auch speziell mit dem Jungen, der der »Drahtzieher« des Mobbings war.

Betrachtet man nun die Situation von Simon, so zeigt sich hier ein fast klassisches Beispiel sozialer Ungleichheit. In der Klasse kommt ein hoher Anteil an Kindern aus sozial privilegierten, überwiegend Akademikerfamilien. Simon selbst entstammt einer sozial schwachen Familie, seine Mutter ist alleinerziehend mit zwei Kindern und arbeitslos. Das Aufwachsen in eher bescheidenen Verhältnissen, die Geldsorgen der Mutter und die Kleidung aus Secondhand-Läden führten zu zunehmender Schüchternheit und sozialer Isolation des Jungen, der mit der materiellen Ausstattung seiner Mitschüler nicht mithalten kann. Während man sich am Montagmorgen in der Klasse über die diversen Wochenendaktivitäten bis hin zu Kurztrips nach Paris und London unterhält, sitzt Simon schweigend auf seinem Platz.

Was sollte er auch erzählen, vielleicht von der Fahrradtour mit seiner Mutter und seiner jüngeren Schwester? Das würde bei den meisten Mitschülern nur ein müdes Lächeln hervorrufen. Auch gegenseitige Einladungen, zum Beispiel zu Geburtstagspartys, gehen an ihm vorbei. Er selbst hat keine Möglichkeit, die Klassenkameraden einzuladen. Die beengten Wohnverhältnisse seiner Familie möchte er den anderen Mädchen und Jungen aus seiner Klasse nicht zeigen.

Da bleibt er lieber im Hintergrund, lehnt anfängliche Einladungen ab und wird nach einiger Zeit auch nicht mehr gefragt. Schnell ist er ausgegrenzt und gilt als Außenseiter, keiner Clique in der Klasse zugehörig. Lediglich leistungsmäßig hat er einen gewissen Stellenwert innerhalb der Klasse, ist er doch der Beste im Fach Mathematik. Die Anerkennung diesbezüglich erfährt er gelegentlich darin, dass man gerne die Hausaufgaben von ihm abschreibt oder sich etwas erklären lässt. Bisher hat sich der Junge niemandem anvertraut, weder in der

Schule noch zu Hause. Er hat Angst, dass dies seine Situation verschlimmern würde, deshalb schweigt er. Seine Mutter, zu der er ein sehr vertrauensvolles Verhältnis hat, möchte er mit seinen Problemen nicht belasten, da sie seiner Meinung nach schon genug ertragen muss. Er will ihr nicht noch seine Sorgen aufbürden.

Seine Strategie ist es, den Mobbern möglichst aus dem Weg zu gehen, sich auf keine Diskussion mit ihnen einzulassen. Diese Vermeidungshaltung ist für ihn schwierig, eigentlich würde er gerne mal allen die Meinung sagen. Gelegentlich habe er gehofft, dass einem Lehrer seine Notsituation auffällt.

Simon wirksam helfen – Aufgaben von Schule und Elternhaus

Aber die Mobbingattacken wurden bisher nur in den Pausen, zum Stundenwechsel, vor und nach der Schule ausgeübt, niemals vor Lehrkräften. So gesehen fällt dem Klassenlehrer auf, wie eingangs geschildert, dass es einen Rädelsführer gibt, der das Klassenklima ungünstig beeinflusst, konkrete Beispiele gibt es aber nicht. Dennoch hätte man als Lehrer im Vorfeld schon Möglichkeiten gehabt, ein Soziogramm zu erstellen, um sich mit gezielten Fragen ein Bild von der Klassensituation zu machen. Dabei wären Außenseiter, Alphapositionen und Mitläufer zu erkennen gewesen. Ein Gespräch mit der Klasse über die Ergebnisse aus dem Verfahren wäre sicher aufschlussreich gewesen. So kann man herausfinden, wer Unterstützung braucht und wie sich das Klima in der Klasse nachhaltig verbessern ließe.

Bis zum Zeitpunkt des geschilderten Vorfalls war aber nichts dergleichen geschehen. Sehr häufig spüren Lehrkräfte zwar, dass etwas in der Klasse nicht stimmt, stoßen aber auf wenig Kommunikationsbereitschaft bei den Schülern. Man schweigt aus Angst.

Dieses Verhalten setzt sich häufig auch auf der Elternebene fort. Eltern beobachten ihre Kinder in der Regel durchaus genau und bemerken Veränderungen auch, aber sie können sie oftmals an keiner konkreten Situation festmachen. Insbesondere im pubertären Alter werden Informationen an die Eltern im deutlich reduzierten Maße weitergegeben. Und auch wenn Eltern wissen, worum es geht, sei es von dem gemobbten Kind selbst oder von Mitschülern, die Beobachtungen aus der Klasse weitergeben, besteht häufig eine gewisse Scheu und Zurückhaltung, die Schule diesbezüglich in Kenntnis zu setzen. Oftmals schwingt auch die Angst mit, dass das eigene Kind weitere Repressalien durch die Mobber erfahren könnte, wenn die Eltern sich »einmischen«.

Gerade an dieser Stelle muss betont werden, wie wichtig eine vertrauensvolle Zusammenarbeit zwischen Schule und Elternhaus ist. Eltern müssen in der Schule Anlaufstellen haben, wo sie offene Gespräche führen können, ohne Gefahr zu laufen, dass es negative Auswirkungen auf das Kind haben könnte. Schulen sind dazu aufgerufen, die Kommunikation mit den Eltern zu fördern und Handlungsmöglichkeiten aufzuzeigen. Nur so kann eine nachhaltige Verbesserung des Schulklimas erreicht werden.

Bezogen auf den geschilderten Fall wird die Mutter

des gemobbten Jungen zum Gespräch mit der Schulpsychologin und der Schulleitung eingeladen. Wichtig ist hierbei, die elterliche Position zu hören und ernst zu nehmen. Dabei können die Wahrnehmungen der Beteiligten durchaus sehr unterschiedlich sein. Es gilt, die Rahmenbedingungen, in denen sich ein Kind befindet, abzuklären.

Welche Freiheiten, welche Grenzen gibt es im elterlichen Erziehungsverhalten für das Kind? Dabei geht es nicht um Kritik am Erziehungsstil, sondern um das Verständnis für besondere oder schwierige Situationen, mit denen eine Familie zurechtkommen muss. Im Fall von Simon erscheint die Mutter hilflos und überfordert mit der Situation, was man an der Handlungsunfähigkeit erkennt. Nichts war unternommen worden, nachdem sich der Junge offenbart hatte. Hier braucht die Mutter das unterstützende Angebot der Schule.

Wichtig ist, dass die Mutter die Erfahrung macht, dass ihr Sohn und sie dabei ernst genommen werden und als Gesprächspartner in den ganzen Prozess involviert sind. Der regelmäßige Meinungsaustausch ist bedeutsam! Als Präventivmaßnahme hätte man bereits nach wenigen Schulwochen vonseiten der Klassenleitung zu einem Gesprächsabend mit den Eltern einladen können, um bereits erste Auffälligkeiten der Kinder zu besprechen. Diese Form von Elternabenden baut auf beiden Seiten Hemmungen ab, miteinander zu kommunizieren. Eltern können durchaus auch selbst oder über den Elternbeirat zu diesen Gesprächsabenden anregen, wenn sie spüren, dass in der Klasse etwas los ist, oder wenn

Kinder offen über diverse Probleme mit Mitschülern sprechen und signalisieren, dass Mobbing stattfindet.

In diesem Fall nun wird die Mutter Anzeige bei der Polizei erstatten, da die Eskalation des Mobbings durch die »Mülltonnenaktion« geahndet werden muss. Auf schulischer Seite bleibt zum einen die Aufklärung des Falls und zum anderen die Entwicklung von vertrauensbildenden Maßnahmen und Handlungsalternativen innerhalb der Klasse. Das geschieht nicht von heute auf morgen, sondern muss gut überlegt sein und braucht Zeit.

Außerdem müssen alle Lehrkräfte, die in der Klasse unterrichten, über den Mobbingfall informiert werden, damit man gemeinsam die nächsten Schritte überlegen kann. Nur wenn alle Lehrkräfte beteiligt sind, kann ein so schwieriges Problem gelöst werden. Die Klasse muss spüren, dass die Lehrer in der Gemeinschaft handeln und sich strikt an getroffene Maßnahmen halten.

Das bereits vorab thematisierte Soziogramm wird in der Klasse von der Schulpsychologin durchgeführt, um die einzelnen Positionen zu erkennen. Dabei geht es in erster Linie darum, eingefahrene Strukturen, Mitläufertum etc. aufzudecken, nicht um Stigmatisierung und Sanktionen. Angelehnt an das Verfahren des »No Blame Approachs« werden die Namen der Mobber und Mitläufer nicht offen benannt, sondern man entwickelt gemeinsam Strategien. Man lernt miteinander umzugehen und überlegt, welche Unterstützung der Gemobbte braucht, um in der Klasse seine Position zu finden. Dabei sind gruppendynamische Maßnahmen immens wichtig, um den Schülern Möglichkeiten zu bieten, alternative Handlungsmuster zu trainieren und sich auszuprobieren.

Außerschulische Trainingsangebote können hier ebenfalls gut genutzt werden. Die Schüler sollen merken, wie sie ihr Lernklima innerhalb der Klasse positiv verändern können, wenn sie nur wollen. Hinzu kommt auch das Aufbauen der Empathiefähigkeit. Wer bereit ist, Gefühle zuzulassen, der kann sich auch in andere hineinversetzen und spüren, wenn jemand Unterstützung braucht.

Selbstverständlich kann eine Schule auch sanktionierende Maßnahmen ergreifen, von der Anhörung eines Mobbers vor dem Disziplinarausschuss bis hin zur Konsequenz des Schulverweises.

Schüler sensibilisieren

Unabhängig von allen Bestrafungsmöglichkeiten geht es jedoch um die Bewusstmachung von Prozessen, die beim Mobben ablaufen, und das Erkennen der eigenen Rolle darin. Als »Gemobbter« braucht man ein Handlungsrepertoire, wie man mit Anfeindungen, ob in physischer, psychischer oder verbaler Hinsicht, umgehen kann. Die Stärkung der eigenen Ressourcen ist hier von entscheidender Bedeutung, ebenso das Aufbauen einer Lobby für den gemobbten Schüler innerhalb der Klasse. Wer steht hinter ihm, wer kann ihn hilfreich unterstützen? Auf wen kann er sich verlassen? Jemand, der gemobbt wird, hat das Gefühl allein gelassen zu werden, niemanden zu haben, der einem beisteht.

In der Regel gibt es aber in jeder Klasse Schüler, die sehr wohl erkennen, dass ein Schüler Probleme durch andere hat, die aber nichts unternehmen und sich nicht um ihn kümmern. Das kann ganz unterschiedliche Gründe haben. Oftmals wollen Schüler nur ihre Ruhe haben und sich »bequem« aus der Sache raushalten. Manchmal schwingt auch die Angst mit, selbst zum Mobbingopfer zu werden, wenn man sich für einen Außenseiter einsetzt. Diese sogenannten Mitläufer in einem Mobbingprozess muss man ansprechen und ihnen die Möglichkeit geben, ihre Rolle dahingehend zu verändern, dass sie eine Gegenposition zu den Mobbern einnehmen. Durch diese klare Stellungnahme der Mitschüler gelingt es, den gemobbten Jungen zu unterstützen. Sobald ein Unterstützungssystem innerhalb der Klasse aufgebaut ist, wird die Position des Mobbers deutlich geschwächt.

Im Fall Simon haben sich recht schnell Unterstützer gefunden, zu denen er allmählich Vertrauen fassen konnte. Sehr wichtig ist es dabei, Schritt für Schritt vorzugehen, um beide Gruppen innerhalb der Klasse nicht zu überfordern. Man muss dem Mobbingopfer die Chance geben, den eigenen Standpunkt zu klären und mitzuentscheiden, in welcher Form er Hilfestellung annehmen kann.

Für Simon war diese Vorgehensweise entscheidend, hatte er doch über einen längeren Zeitraum jede Menge Beleidigungen und Demütigungen hinnehmen müssen. Zu verstehen, dass nun Mitschüler plötzlich Verständnis für ihn und seine Lage zeigen und ihm künftig zur Seite stehen wollen, braucht Zeit. Seine Rolle in der

Klasse muss neu definiert werden und Akzeptanz finden.

Auch für Simons Mutter war es bedeutsam zu merken, dass es an der Schule ihres Sohnes Lehrkräfte gab, die sich für sie Zeit nahmen und an einer gemeinsamen Lösung der Mobbingsituation arbeiten wollten. Vertrauensbildende Maßnahmen sind für alle Beteiligten von immenser Wichtigkeit!

Ebenso war es entscheidend, ruhige und sachliche Gespräche mit den Eltern des bisherigen »Mobbers« zu führen. Dabei geht es nicht um Schuldzuweisungen, sondern darum, aufzuzeigen, wie es zu diesem Verhalten gekommen sein konnte. Für die Eltern war es zunächst unverständlich, wie ihr Junge so etwas tun konnte. Im Verlauf der Gespräche wurde jedoch deutlich, wie sehr sich das Kind nach Aufmerksamkeit, Liebe und Zuneigung sehnte. Die Eltern waren beruflich sehr viel unterwegs, teilweise wochenlang im Ausland, zahlreiche Au-pairs hatte es in den letzten Jahren gegeben. Durch sein nach außen hin selbstbewusstes und »cooles« Auftreten hatte sich der Junge Anerkennung innerhalb der Klasse und in seinem Freundeskreis verschafft. Seine Emotionalität der Familie gegenüber verbarg er hinter einer Fassade. Wahre Gefühle gegenüber den Eltern zeigen und darüber sprechen zu können wurde ein Schwerpunkt in der schulpsychologischen Beratung. Das gegenseitige Verständnis füreinander musste sukzessive wieder aufgebaut werden. Dabei blieb die Ebene der Justiz in diesen Gesprächen außen vor.

Dieser Fall zeigt sicherlich auch, wie entscheidend es

ist, alle Beteiligten ins Boot zu holen und gemeinsam Lösungsstrategien zu erarbeiten. Die Ohnmacht oder anfängliche Machtlosigkeit, die viele fühlen, wenn es um Mobbing geht, muss rasch in zielgerichtete Aktivität münden. Im Vordergrund stehen dabei immer das Wohl und der Schutz des betroffenen Kindes.

Tanja – Der Statusneid führt in eine Hetzkampagne

Dass ein hoher sozialer Status und die materielle Sorglosigkeit der Eltern das Kind nicht vor Mobbing schützen, sondern auch das Gegenteil bewirken können, zeigt das nächste Fallbeispiel. Tanja ging in die achte Klasse einer Mädchenschule und galt unter der Lehrerschaft, die in der Klasse unterrichtete, als unauffällig.

Ihre Noten waren im guten Bereich und in Mathe gehörte sie zum oberen Leistungsdrittel. Frau Huber übernahm die Klasse als »leistungsstarke« Truppe. Aufgefallen war ihr nur, dass es in der Klasse auch Gruppenbildung gab. Das war allerdings kein Grund zur Beunruhigung und noch kein Indiz für eine Gefährdung der Klassengemeinschaft. Schließlich bestehen Klassen aus willkürlich zusammengewürfelten jungen Menschen, die als Gemeinschaft ein gemeinsames Klassenziel erreichen sollen.

Darüber hinaus soll eine derartige Gemeinschaft lernen, die Vielfalt und Andersartigkeit der Klassenkameraden zu akzeptieren und sich dabei sozial kompetent zu verhalten. Und dies schien bisher gut funktioniert zu haben. Zum Halbjahr allerdings veränderte sich die Situation in der Klasse. Frau Huber erhielt nach ihrer Stunde von drei Schülerinnen einen Ausdruck aus einem Chatroom-Dialog.

Die Lehrerin wurde gebeten, auf keinen Fall den anderen Klassenkameradinnen gegenüber zu erwähnen, wer ihr diese Mitteilung zugespielt habe. Es handelte sich um einen drastischen Dialog aus SchülerVZ, dem sozialen Netzwerk, in dem Tanja unter der Gürtellinie beleidigt wurde. Der Schlusssatz lautete: »Diese widerliche Schlampe machen wir fertig! Wir schlagen sie zusammen!« Frau Huber fiel aus allen Wolken, denn eine solch massive Hetzkampagne und Drohung gegen eine Schülerin hatte sie noch nie zuvor erlebt. Offensichtlich war es den Mitschülerinnen, die davon Kenntnis hatten, sehr unwohl in ihrer Haut. Derartige massive Anschuldigungen machten ihnen Angst.

Frau Huber reagierte sofort und nahm diese Mitteilung sehr ernst, indem sie sie nicht als pubertäres Gehabe und »Zickenkrieg« abtat. Sie war fest entschlossen, die Pseudonyme zu entschlüsseln und die Sache aufzuklären, worin ihr die drei Mädchen behilflich waren. So konnten sie gemeinsam herausfinden, wer die Absenderinnen der Chatroom-Gespräche waren. Es handelte sich um vier Rädelsführerinnen, von denen eine, Melanie, Verbindungen zur nahe gelegenen Hauptschule besaß. Sie drohte Tanja mit einer Freundin, die dort zur Schule ging und sich durch verschiedene Schlägereien bereits einen entsprechenden Ruf geschaffen hatte.

Frau Huber überlegte sich sorgfältig, wie sie weiter

vorgehen könne, um die Situation aufzudecken und das Mobbingopfer vor weiterem Schaden zu bewahren. Es gelang ihr schließlich, Tanjas Vertrauen zu gewinnen, indem sie sie direkt mit den Chat-Botschaften konfrontierte. So konnte sie sich ein detailliertes Bild von Tanjas Notlage verschaffen.

Tanja berichtete, sie werde bereits seit Wochen immer wieder unverschämt angesprochen, und der Austausch über SchülerVZ sei schon lange Zeit am Laufen. Zweimal habe sie bereits zurückgeschrieben und die Verursacherinnen als dumm und dergleichen beleidigt. Frau Huber riet ihr daraufhin, nicht mehr auf die Nachrichten zu reagieren und mit ihr in engem Kontakt zu bleiben. Die vier Rädelsführerinnen wollte sie zu Einzelgesprächen einbestellen.

Tanja vertraute ihr schließlich an, die Drohungen hätten zugenommen und sie wisse nicht mehr, wie sie darauf reagieren solle. Sie habe Angst, nach der Schule alleine zur Bushaltestelle zu laufen oder mit der Straßenbahn zu fahren, weil sie den Mobbingtätern nicht begegnen wolle.

Noch bevor Frau Huber weitere Maßnahmen vornehmen konnte, ereignete sich ein weiterer Vorfall. Die Clique lauerte Tanja an der Bushaltestelle vor der Schule auf und griff sie physisch an. Fünf Mädchen, davon ein Mädchen aus der nahe gelegenen Hauptschule, bildeten einen Kreis um Tanja, schubsten und bedrohten sie und warfen sie schließlich zu Boden.

Zwei Schulkameradinnen, die das Geschehen aus der Ferne beobachteten, aber nicht den Mut hatten, dazwischenzugehen, teilten Frau Huber den Vorfall am nächsten Tag mit. Diese holte sich sofort die Rädelsführerinnen zu Einzelgesprächen. Danach verständigte sie auch deren Eltern über die Vorfälle. Von schulischer Seite erfolgten eine Reihe weiterer Maßnahmen. So wurde das Direktorat eingeschaltet und Tanjas Mutter erschien zu Gesprächen mit der Klassenlehrerin und dem Schulleiter. Frau Huber nahm Kontakt zur Hauptschule auf, um die entsprechende Schülerin zur Rechenschaft ziehen zu können, und die vier Mädchen aus Tanjas Klasse mussten soziale Dienste zugunsten der Klassen- und Schulgemeinschaft ableisten. Frau Huber ging auf vorbildliche Weise mit dieser schwierigen und verworrenen Situation um. Sie scheute weder Zeit noch Mühe, die Situation aufzuklären und in vielen nachfolgenden Gesprächen das Opfer und die Täterinnen wieder zu rehabilitieren, was ihr auch erfolgreich gelang.

Beide Seiten schienen aus den Vorfällen etwas gelernt zu haben. Erst einige Zeit später suchte Tanjas Mutter Kontakt zur Schulpsychologin an der Schule ihrer Tochter. Sie wünschte sich, Klarheit darüber zu erlangen, was in Tanjas Klasse abgelaufen war und wie es dazu kommen konnte, dass ausgerechnet ihre Tochter zu einem Mobbingopfer wurde.

Mobbingstrukturen und Handlungsmöglichkeiten im Fall Tanja

Zu den Beteiligten im Fall Tanja zählen das Opfer, vier Rädelsführerinnen, eine »Verstärkung« von außerhalb und drei Mädchen, denen die Sache »zu heiß« wurde und die sich deshalb couragiert an die Lehrkraft wandten.

An diesem Fall kann man erkennen, wie sich Mobbing in Windeseile ausbreiten kann. Die elektronischen Möglichkeiten einer schnellen Vernetzung, zum Beispiel über ein soziales Netzwerk im Internet wie SchülerVZ, ermöglichen eine schnelle und wirkungsvolle Diffamierung eines Schülers innerhalb kürzester Zeit. Jeder kann davon mitbekommen und sich am Prozess der Abwertung des Opfers beteiligen. Es werden Geheimnisse preisgegeben und Gerüchte oder Vorurteile in Umlauf gebracht. Beschimpfungen gehen schnell unter die Gürtellinie, wenn die Absender sich durch ihre Pseudonyme in Sicherheit wähnen.

Das Bedrohliche daran ist aber nicht allein die Tatsache, dass plötzlich so viele Jugendliche davon mitbekommen und sich daran beteiligen können, sondern auch, dass die versandten Botschaften und Gerüchte nicht mehr gelöscht werden können. Selbst wenn sie durch den Webmaster eines Netzwerks dort gelöscht werden, sind sie in den Köpfen und oft bereits weitergegeben. Sie sind und bleiben im Umlauf. Mit den elektronischen Medien verwandelt sich der Wirkungskreis des Mobbings radikal und ein rasches Eingreifen in diese Strukturen ist unverzichtbar. Das Internet lässt eine systematische Schikane gegen Schwächere zu und entwickelt eine Eigendynamik, die man nicht mehr stoppen kann. Als Tanja die Stimmungsmache gegen sich registrierte, reagierte sie. Auch sie versandte Beleidigungen und mischte mit, wahrscheinlich in der Hoffnung, sich dadurch zur Wehr setzen zu können.

Die Situation schien zu eskalieren. Den Angriffen

über das Internet folgte der physische Angriff durch
reale Personen aus der Klasse. Die Diffamierung über
eine Distanz hinweg und aus der Anonymität heraus
wurde schließlich durch reale Aggression und reale
Übergriffe gesteigert.

Glücklicherweise gab es in dieser Klasse drei Mäd-
chen, die über genügend Zivilcourage und soziales
Bewusstsein verfügten, um die Vorfälle ins Licht der
Öffentlichkeit zu rücken. Das war von entscheidender
Bedeutung, denn ihr Handeln rief die nächsthöhere
Instanz der Lehrkraft auf den Plan.

Die Lehrerin verfügte über genügend Know-how
bezüglich der neuen Medien und wurde durch die drei
Mädchen unterstützt, so dass es ihr gelingen konnte, die
Pseudonyme zu entschlüsseln. So konnten die Täterinnen mit ihren Äußerungen im Netz konfrontiert werden.
Frau Huber zeigte durch ihr frühzeitiges Handeln und
ihre unnachgiebige Recherche, dass sie die Mobbing-
angelegenheit ernst nahm und nicht bloß als »Zickenkrieg« deklarierte oder sie als sporadische Angelegenheit
abtat. Das hätte viel gravierendere Folgen für Opfer und
Täter mit sich bringen können. Wie verstrickt die Mob-
bingstruktur war, zeigte sich im Verlauf der Einzelge-
spräche, die ergaben, dass auch eine Person von außerhalb, nämlich Melanies Freundin, die auf eine andere
Schule ging, daran beteiligt war. Die schulischen Maßnahmen wurden nun begleitet von der Kontaktaufnahme
zu den Eltern und einem regen Informationsaustausch
zwischen Eltern, Lehrern, Schulleitung und selbstverständlich dem betroffenen Mädchen selbst. Ein wichtiges

Signal für das Opfer und seine Eltern war das schulische Eingreifen: »Wir handeln!«

Als die Eltern von den tatsächlichen Vorfällen in Kenntnis gesetzt wurden, waren sie natürlich entsetzt und forderten für die Verursacherinnen die »Höchststrafe«. Das bedeutete für die Rädelsführerinnen einen Schulausschluss oder sogar einen Schulverweis. Frau Huber war aber daran gelegen, die Täter und das Opfer zu rehabilitieren und durch gezielte Interventionen innerhalb der Klasse zu einer intakten Klassengemeinschaft zurückzufinden. So wurde die Schulpsychologin gebeten, eine Doppelstunde mit der Klasse zu verbringen, in der herausgearbeitet werden sollte, was soziales Miteinander bedeutet. Perspektivenwechsel vorzunehmen und positive Ziele für die Klasse zu formulieren war die Intention der Intervention. Die Frage, die aufgeworfen wurde, lautete: Wie kann es gemeinsam weitergehen?

Der Aufklärung und Information der Eltern folgte zeitlich etwas verzögert noch ein ausführliches Gespräch mit der Schulpsychologin. Verständlicherweise brannten den Eltern drängende Fragen unter den Nägeln: Wie konnte es dazu kommen? Warum haben wir so lange nichts davon bemerkt? Was kann man in so einem Fall tun? Was passiert, wenn unsere Tochter noch einmal in eine vergleichbare Situation gerät? Der Wunsch nach klaren Antworten ist verständlich. Die Gründe und Ursachen von Mobbing sind jedoch häufig vielfältig und verstrickt, so dass man sich dem Ursachengefüge nur durch eine sorgfältige Analyse annähern kann.

Statusneid als Ursache von Mobbing?

Tanja war ein ganz normales Mädchen, altersgerecht entwickelt mit Interessen und Vorlieben, die bei Mädchen ihres Alters verbreitet sind. Sie war ein ruhiger Typ und wurde von den Lehrern als unauffällig bezeichnet. Sie war Einzelkind und kam aus einem gut situierten Elternhaus, das sich entsprechende Auslandsreisen leisten konnte. Von diesen Reisen erzählte Tanja ihren Klassenkameradinnen hin und wieder einmal. Das aus Schülersicht »Auffällige« an Tanja war, dass sie gute und teure Markenklamotten tragen konnte und ihr Schulranzen entsprechend ausgestattet war – eine mögliche Ursache dafür, Neider auf den Plan zu rufen. Sie war darüber hinaus bemüht, in der Schule gute Noten zu erzielen, die ihr Elternhaus mit entsprechenden materiellen Verstärkern wie Geld oder Kleidung belohnte. Auch das schien einigen ihrer Klassenkameradinnen bekannt zu sein. Dass sie dem oberen Leistungsdrittel der Klasse angehörte, schien einigen Klassenkameradinnen ein Dorn im Auge zu sein, denn Tanja sprach auch noch über ihre guten Noten und freute sich öffentlich über ein gutes Resultat. Ein konkurrierendes Klassenklima dürfte ein weiterer Faktor im Ursachengefüge sein. Ein weiteres Merkmal, auf das die Mitschülerinnen hinwiesen, war Tanjas Bereitschaft, jedem von ihren Erfolgen und Errungenschaften zu erzählen, was ihr einige Mitschülerinnen als mangelnde Sensibilität auslegten. Sie sei ehrgeizig und angeberisch, meinten andere. An dieser Stelle kann man nur mutmaßen, wie sich Selbstwahrnehmung und Verhalten zur Fremdwahrnehmung Tanjas verhalten. Das wäre ein Punkt, den man sich mit Tanja näher anschauen sollte: Wie nehme ich mich selbst wahr? Wie empfinden mich andere? Was trage ich dazu bei, bei anderen entsprechende Reaktionen auszulösen? Wie kann ich selbstbewusst »Ich-Selbst« sein, ohne mich verbiegen zu müssen oder mein Licht unter den Scheffel zu stellen? Wie geht man mit Gaben um, die einem in die Wiege gelegt wurden? Besteht die Möglichkeit, sie auch für andere einzusetzen, und wenn ja: Wie kann das geschehen?

Warum bleibt Mobbing so lange unbemerkt?
Anhand dieses Falles kann man die Phasen des Mobbingprozesses gut nachverfolgen. Es begann zunächst mit der medialen Präsenz einiger Mädchen in SchülerVZ. Der Austausch untereinander entwickelte sich zum verbalen Angriff gegen eine dritte Person, in unserem Fall Tanja. Tanja versuchte sich daraufhin zu wehren, indem sie ebenfalls Beleidigungen und Gerüchte verbreitete. Die Angriffe und Gegenangriffe schaukelten sich hoch – man kann hier auch von dem Beginn einer Mobbingspirale sprechen.

Bereits an diesem Punkt hätten Eltern die Möglichkeit gehabt, maßvoll einzugreifen, sofern sie über die Präsenz ihrer Tochter in SchülerVZ informiert gewesen wären. Eltern sollten über die Mitgliedschaft ihrer Kinder in sozialen Netzwerken Bescheid wissen. Eine elterliche Kontrolle mit Augenmaß kann für ein rechtzeitiges Informiertsein sorgen und gegebenenfalls weiteren Schaden verhindern.

In unserem Fall wussten die Eltern zwar, dass Tanja sich in sozialen Netzwerken mit ihren Freundinnen »traf«, welche Chatrooms aber wie häufig aufgesucht wurden und worüber man sich so austauschte, darüber wussten sie nicht Bescheid. Fragt man Eltern, warum sie nicht besser informiert seien, kommen häufig Begründungen wie: »Ich möchte meinem Kind nicht hinterherspionieren«, »Wir haben eine Vereinbarung getroffen über einen bestimmten Zeitraum, den das Kind täglich im Netz verbringen darf«, »Kinder sollen ihre Geheimnisse haben, die hatten wir doch auch«, »Wir haben nicht die Zeit, uns da hineinzuarbeiten, denn die tägliche Routine füllt unseren Tag schon aus« oder schlicht: »Wir kennen uns da nicht so gut aus.«

Eltern sollten unter allen Umständen über die mediale Präsenz ihrer Kinder informiert sein. Die meisten Eltern wissen, wo sich ihre Kinder aufhalten und mit welchen Freunden sie Umgang haben. Anders verhält es sich mit den Aufenthaltsorten im Internet und den »Freunden«, die sie da treffen. Häufig genug kennen Kinder die »Freunde« aus dem Netz gar nicht, tauschen sich aber über intimste Gedanken und Pläne aus. Im »realen Leben« würden Eltern in so einem Fall wahrscheinlich eingreifen und dies mit ihrer Fürsorgepflicht rechtfertigen. Einem wildfremden Menschen vertraut man persönliche Dinge nicht an. Aber im Netz wird häufig toleriert, was im realen Leben eine Bedrohung sein kann. Das Argument, man wolle Kindern nicht nachspionieren, weil sie ihre Geheimnisse mit Gleichaltrigen austauschen wollen und eine elterliche Einmischung als Vertrauensbruch verstehen könnten, muss zunächst einmal mit einem Fragezeichen versehen werden.

Wenn man weiß, wo sich das Kind aufhält und wer die »Freunde« sind, stellt man das Vertrauen des Kindes nicht zur Disposition. Wenn das Kind aber nicht möchte, dass die Eltern Einblick bekommen, dann scheint es dafür einen Grund zu geben, dem man nachforschen sollte.

Eltern müssen nicht über Details informiert sein, aber der Freundes- und Kontaktkreis der Kinder sollte bekannt sein. Auch muss die Frage erlaubt bleiben, worüber man sich denn austauscht. Ehrliches Interesse seitens der Eltern ist eine vertrauensbildende Maßnahme und keine »Spionage«! Damit soll den Eltern Mut zugesprochen werden, ihre elterliche Fürsorge auch zu zeigen. Kinder wünschen sich diese Fürsorge. Lassen Sie sich nicht dadurch verunsichern, dass auf manche Ihrer Fragen zunächst keine oder eine ablehnende Antwort geäußert wird.

Wichtig bleibt dabei, Fragen wertfrei und offen zu stellen. Kinder haben ein untrügliches Gespür für Fragen, hinter denen sich Vorwürfe verstecken. Ihre Fragen sollten vorwurfsfrei gestellt sein und zum Gespräch einladen. Als Beispiel könnte folgende Frage gestellt werden: »Tanja, ich beobachte schon seit Tagen, dass du mehr Zeit im Netz verbringst, und frage mich, ob etwas Wichtiges in Planung ist oder neue Freunde dazugekommen sind. Das würde mich sehr interessieren, möchtest du davon erzählen?«

Offene Gesprächsangebote zu machen gehört zu den wichtigsten präventiven Maßnahmen, zu denen Eltern greifen können. Darüber hinaus können Eltern aus der Sicht des Beobachters auch einschätzen, ob es noch genügend reale Kontakte gibt, die Einfluss nehmen auf das Leben des Kindes, oder ob sich alles nur noch über das Internet abspielt. Pflegt das Kind auch außerhalb der Schule und seiner Chatroom-Bekanntschaften Freundschaften, die zur Lebensqualität beitragen? Gibt es ein gut funktionierendes soziales Netzwerk? Darüber nachzudenken und in dieser Hinsicht Einfluss zu nehmen kann eine gelungene Mobbingprophylaxe für das Kind sein.

Sich real austauschen zu müssen, zum Beispiel beim gemeinsamen Spiel und der Vereinbarung der Spielregeln, führt zum Erwerb von sozialen Kompetenzen und hilft dem Kind, auch mit realem Frust umzugehen. Sich realen Konflikten auszusetzen und daraus zu lernen verhilft dem Kind zu mehr Kompetenz im sozialen Miteinander. Die medial und häufig anonym ausgetragenen Konflikte verhindern einen positiven Lerneffekt.

Wenn Eltern feststellen oder über Bekannte oder Freunde darauf hingewiesen werden, dass derartige Konflikte über das Internet ausgetragen oder Gerüchte kolportiert werden, sollten sie sich einen Ausdruck davon machen und ihrem Kind raten, sich aus diesem Austausch komplett zurückzuziehen. Eine weitere Beteiligung heizt das Klima lediglich auf und bringt die Mobbingspirale in Gang.

Eltern können ihre Kinder in realen Konflikten stärken, indem sie sie diesen Situationen nicht entziehen oder sie sogar für das Kind selbst lösen. Auch hier bedeutet das Eingreifen mit Augenmaß, informiert zu sein und zu wissen, ob das Kind einen gleich starken »Gegner« als Gegenüber hat oder ob ein großes Ungleichgewicht besteht. Bei Letzterem müssen Eltern eingreifen.

Bescheid zu wissen bedeutet auch, für sich selbst ein Netzwerk zu schaffen und zu bedienen. Kontakt zu Lehrern und Eltern zu halten war im Fall Tanja unvermeidlich und hätte sicherlich auch schon früher stattfinden können. Eltern missdeuten ihr eigenes Handeln häufig als unerwünschte Einmischung, die für das Kind vielleicht von Nachteil sein könnte. Im Fall Tanja war diese Einmischung notwendig und konnte Schlimmeres verhindern.

»Warum gerade unser Kind?«

Oft stellen betroffene Eltern diese Frage, und eine gewisse Hilflosigkeit und Resignation ist daraus zu hören. Grundsätzlich kann jedes Kind zur Zielscheibe verbaler oder physischer Angriffe werden. Eine Gemeinsamkeit ist nicht auszumachen, denn jeder Fall ist individuell. Die Frage müsste umformuliert werden in: »Wie kann verhindert werden, dass gerade unser Kind zur Zielscheibe wird?«

Wie bereits erwähnt, gibt es diverse Möglichkeiten, präventiv zu handeln und Schaden abzuwenden: am Ball bleiben, wissen, was das Kind beschäftigt, und immer wieder Gesprächsbereitschaft signalisieren. Das kann das Kind in psychisch schwierigen Situationen öffnen. Gelingt es Eltern, sich auf Augenhöhe mit dem Kind zu begeben und zuzuhören, ohne zu interpretieren, können sie etwas vom seelischen Zustand des Kindes in Erfahrung bringen. Die meisten Kinder brauchen hierfür Zeit und die Gewissheit, dass es keinen Grund dafür gibt, sich vor den Eltern schämen zu müssen, weil sie ihre Erwartungshaltung nicht erfüllen können. Kinder sind sehr sensibel für die unausgesprochenen Erwartungshaltungen ihrer Eltern. Wichtig ist auch, die eigene Geschichte nicht zur Geschichte der Kinder zu machen und unzulässige Vergleiche zu ziehen. So kommt es nicht selten vor, dass Eltern aufgrund eigener schmerzlicher Mobbingerfahrungen weit über das Ziel hinausschießen, wenn sie ihre Kinder davon bedroht sehen. Unterstützung zu signalisieren bedeutet gleichzeitig, Wege zu akzeptieren, die zum Kind passen. Dem Kind zu spiegeln, wie dessen Gemütszustand wahrgenommen wird und wie sein Verhalten sich verändert hat, ist wichtiger, als bereits den dritten Schritt – die Suche nach Lösungen – vorzubereiten. Das Kind wird darin gestärkt, sich schlecht fühlen zu dürfen. Sein seelischer Zustand und seine Niedergeschlagenheit werden ernst genommen. So kann man das Kind in seiner Notlage begleiten und Vertrauen aufbauen.

Status- und Hierarchiekämpfe finden in fast jeder Schulklasse statt und können, wie in den beschriebenen Beispielen, schnell in massives Mobbing umschlagen. Neid, Unverständnis oder das Bedürfnis, sich über die Erniedrigung des Opfers selbst eine höhere Position innerhalb der Klasse zu verschaffen, spielen dabei eine Rolle. Die Aufgabe von Lehrern und Eltern ist es, die Kinder zu sensibilisieren und ein alternatives Wertekonzept vorzuleben. Nur wenn Kinder auch in anderen Bereichen erleben, dass soziale oder finanzielle Benachteiligung nicht zu einer Abwertung der Person führt, können sie dies auch in der Klassengemeinschaft nachvollziehen.

Klamottenterror –
Wo bleiben die inneren Werte?

Angelika – Kleider machen Außenseiter

Es mag zwar banal klingen, aber so wie im Tierreich anders aussehende Artgenossen gemieden werden, weil sie aus der Reihe tanzen, so werden auch Schüler Opfer von Mobbing, die sich besonders altmodisch kleiden, ungepflegt wirken, die Körperhygiene nicht genau nehmen oder eigenartig riechen. In der heutigen Gesellschaft, in der viel Wert auf ein gepflegtes Äußeres gelegt wird und Menschen nach ihrem Auftreten und besonders auch nach ihrer Kleidung bewertet werden, spielt dies eine noch größere Rolle.

Doch nun zum Fall: Angelika, achte Klasse, sah kindlich aus und trug auffallend altmodische Kleidung. Die Eltern hatten einen Bauernhof und waren Mitglieder einer Sekte. Zeitgemäße, modische Kleidung war ihnen nicht wichtig. Ihre Tochter wurde in der gemischten Klasse vor allem von den Mädchen gemieden. Es wurden anonyme Briefchen geschrieben: »Du stinkst«, »Verpiss dich«, waren die traurigen Botschaften, die Angelika erreichten. An Klassenfahrten nahm sie nicht teil. Es wollte ja niemand mit ihr das Zimmer teilen. In der Pause schloss sie sich in die Toilette ein. Die Schülerinnen informierten schließlich die Beratungslehrkraft. Ein Gespräch mit den Eltern brachte keinen Erfolg, denn diese wollten oder konnten die Außenseiterposition ihrer Tochter nicht verstehen. Sie waren selbst in ihrer Dorfgemeinschaft Außenseiter, hatten kaum Kontakte, lehnten moderne Medien ab und hatten weder Fernseher noch Internet. Es schien, als ob die Welt in dieser Familie außen vor blieb. Durch die Intervention der Beratungslehrerin unterblieben wenigstens die anonymen Briefchen, die Isolation von Angelika blieb jedoch bestehen. Sie wurde trotz größter Bemühungen seitens der Lehrer nicht in die Klassengemeinschaft integriert.

Angelika schaffte es aber mit der Zeit, sich als Außenseiterin zu erleben, ohne besonders darunter zu leiden. Sie akzeptierte ihr »Anderssein« und machte sogar ein gutes Abitur. Zum Glück ist es der Schülerin mithilfe der Beratungslehrkraft und durch deren rechtzeitiges Eingreifen gelungen, Selbstvertrauen und Selbstbewusstsein aufzubauen und zu sich selbst zu stehen. Wenn dies aber nicht gelingt, kann die Schulzeit für sensible Kinder zum Martyrium werden.

Wie viel Mode »braucht« ein Kind?

Sicher ist Angelikas Beispiel ein Extremfall, kommt aber in abgeschwächter Form immer wieder im Schulalltag vor. Was hätten die Eltern von Angelika stattdessen tun können? Eltern müssen sicherlich nicht jeden modischen Schnickschnack unterstützen. Das wäre das andere Extrem und ebenso wenig hilfreich. Ein Kind ist auch ohne Markenartikel und »Must-have« wertvoll und einmalig und muss das auch spüren und erleben. Kein Markenlabel kann auf Dauer mangelndes Selbstwertgefühl kompensieren. Aber sich bewusst gegen ein flottes, gepflegtes Äußeres zu sperren und das Kind damit in die Isolation zu drängen ist ebenso wenig vernünftig und macht das Kind unglücklich. Gerade in reinen Mädchenklassen beziehungsweise unter Mädchen in gemischten Klassen spielt das Aussehen eine immer größere Rolle. Mobbing wegen »falscher« Kleidung kommt hier leider häufig vor. Und welche 13- oder 14-Jährige hat schon den Mut, sich hinzustellen und zu sagen, es komme auf die inneren Werte an, wenn die Gesellschaft jeden Tag die Wichtigkeit von gekonntem »Sich-in-Szene-Setzen« unterstreicht und dies gutheißt? Nur der Schein zählt! Erfolg hat, wer sich gut präsentiert, nicht wer gute Leistungen zeigt. Dies ist heute gesellschaftliche Realität.

Die Eltern hätten erkennen müssen, dass ein bewusst altmodisches Äußeres nichts für ein junges Mädchen ist. Sie hätten sich beraten lassen können, was Angelika steht. Ein paar flotte Basic-Kleidungsstücke, die sich mit dem gelegentlichen neuen Accessoire geschickt aufmöbeln lassen, ruinieren nicht den Geldbeutel und hätten Angelika vor der Isolation bewahrt. Man soll die eigene Lebensphilosophie nicht auf seine Kinder übertragen!

Ein Strickpulli als Mobbinganlass – Der Fall Melanie

Mit der Pubertät beginnen sich Kinder zu verändern, nicht nur, was ihre Verhaltensweisen betrifft, insbesondere im Umgang mit den Eltern, sondern auch in der Interaktion mit Lehrkräften und Mitschülern. Sich selbst finden, die eigene Individualität ausbilden, ist oftmals ein Prozess des Ausprobierens. Vor allem Mädchen bringen das mit ihrer Kleidung, ihrer Frisur und auch mit dem ersten Schminken zum Ausdruck. Sie wollen sich gefallen, wollen auffallen und sich manchmal von den anderen abgrenzen. Zunehmend lassen sich Kinder aber auch von Dingen leiten, die die Gesellschaft ihnen diktiert.

So gibt es phasenweise eine bestimmte modische Richtung, die die Kinder bevorzugen, nicht weil ihnen diese Art von Kleidung wirklich gefällt, sondern weil sie mit ihr ein Zugehörigkeitsgefühl verbinden. So kann es durchaus vorkommen, dass in einer sechsten Klasse bis zu zehn Mädchen mit dem gleichen Shirt sitzen oder zumindest bestimmte Marken und Labels dominieren.

Eltern sind oftmals unter Zugzwang, wenn Kinder signalisieren, nur die Hose einer bestimmten Modefirma haben zu wollen, weil alle anderen in der Klasse auch solche Hosen tragen. Für Familien ist es deshalb nicht immer leicht, manchmal auch finanziell überhaupt nicht möglich, die Wünsche der Kinder zu erfüllen. Meist sind Familien mit geringem Einkommen sehr bemüht, bei ihren Kindern nach außen hin keinerlei Anhaltspunkte zu liefern, dass man sich zum Beispiel Markenkleidung nicht leisten kann. Oftmals werden solche Teile günstig secondhand gekauft, damit die Kinder mit dem Modetrend mithalten können. Wie sehr Trends das Verhalten der Kinder beeinflussen, ist unvorstellbar! Ständig werden sie durch Werbung und Fernsehsendungen darauf aufmerksam gemacht, was gerade besonders »in« ist und unbedingt getragen werden muss. In einer Klasse mit sehr modebewussten Mädchen kann es durchaus zu Konflikten kommen, wenn einige förmlich diktieren, was man zu tragen hat.

In eine sechste Klasse wie eben beschrieben geht Melanie, ein bisher fröhliches und kontaktfreudiges Mädchen, das sich leistungsmäßig im breiten Mittelfeld befindet und insbesondere durch ihr Talent auffällt, in Rollen zu schlüpfen. So hat sie große Freude an der Theatergruppe. Bisher war Kleidung für sie überhaupt nicht wichtig. Sie trug überwiegend Shirts, Hosen und Röcke ihrer drei Jahre älteren Schwester auf. Vor Kurzem bekam sie zum Geburtstag zwei neue Pullover, gehäkelt aus bunten Wollresten, und einen Strickrock von ihrer Großmutter geschenkt. Melanie zog die neuen Sachen gleich am nächsten Tag in die Schule an, sie wollte damit auch der Großmutter eine Freude machen.

Niemals hätte sie aber mit so viel Hohn und Spott gerechnet! Als sie am Morgen in die Klasse kam, empfing sie schallendes Gelächter. Man zeigte mit dem Finger auf sie und beleidigte sie als »Müllsack«. Einige Mitschüler behaupteten sogar, sie würde »total asozial« herumlaufen. Melanie konnte überhaupt nicht verstehen, warum sie durch die selbstgestrickten Sachen ihrer Oma plötzlich so in die Kritik geriet. Sie versuchte sich zu erklären, wurde aber niedergebrüllt. Während des Unterrichts waren Zettel im Umlauf, die unschöne Äußerungen und Beleidigungen über Melanie enthielten. Melanie war den Tränen nahe, nahm sich aber zusammen, weil sie sich vor der Klasse keine Blöße geben wollte.

Zu Hause erzählte Melanie nichts von diesen Vorfällen, sie wollte ihre Großmutter schließlich nicht kränken. Am nächsten Tag beschloss sie, ihre bisherigen Sachen zu tragen. Die Beleidigungen gingen aber weiter. Melanie wurde gemieden und musste alleine in die Pause gehen. Schließlich erreichte das Ganze den Höhepunkt, als ihre zwei besten Freundinnen ihr mitteilten, sie wollten nicht mehr mit ihr befreundet sein, weil sie so kompliziert sei. Melanie verstand die Welt nicht mehr! Wiederum schlich sie bedrückt von der Schule nach Hause, suchte aber nicht das Gespräch mit ihren Eltern.

Das Mobben ging weiter, über einige Wochen hinweg. Den Mädchen in der Klasse schien es richtig Spaß zu machen, sich täglich neue Sachen einfallen zu lassen, mit denen sie Melanie zusetzen konnten.

Neue Werte vermitteln

Die Mobbinggeschichte flog auf, als Melanies Mutter in der Stadt beim Einkaufen war und zwei Mädchen aus Melanies Klasse mit dem Finger auf sie zeigten und sie als »Mutter der asozialen Mülltüte« bezeichneten. Melanies Mutter, die die beiden Mädchen vom Sehen kannte, war entsetzt und suchte anschließend das Gespräch mit ihrer Tochter. Weinend erzählte ihr Melanie die Geschichte. Sie habe sich so geschämt, dass sie eigentlich niemandem davon berichten wollte. Die Lehrer hätten auch noch nichts davon bemerkt. Melanies Mutter wollte zunächst Kontakt zu den Eltern der beiden Mädchen aufnehmen. Ihre Tochter hatte aber Angst, dass sich die ganze Sache noch verschlimmern könnte, wenn ihre Mutter das Problem offen ansprach.

In vielen Fällen von Mobbing lähmt die Angst der Kinder das rechtzeitige Eingreifen, um die Sache zum Stillstand zu bringen. Wichtig ist auf jeden Fall, offen damit umzugehen und nicht zu lange zu warten. Nur wer von der Sache weiß, kann auch unterstützend tätig werden. Im Fall Melanie suchte die Mutter doch am nächsten Tag telefonisch Kontakt zu den Eltern der Mädchen, um deren unangemessenes Verhalten zu besprechen. Interessant waren allerdings die Reaktionen der jeweiligen Mütter. Die Mutter des einen Mädchens erklärte, dass das die Mädchen untereinander regeln sollten. Sie würde sich als Mutter nicht einmischen. Die Mutter des anderen Mädchens meinte, es könne sich nur um eine Verwechslung handeln, ihre Tochter würde so etwas nicht tun.

Natürlich ist es für Eltern unangenehm, auf das Fehlverhalten ihrer Kinder angesprochen zu werden. Es bietet aber auch Chancen, rechtzeitig über bestimmte Themenbereiche miteinander zu sprechen. In diesem Fall sind die Werthaltungen offensichtlich in die Sackgasse geraten. Was ist wichtig? Wird der Mensch aufgrund seiner Kleidung auf- oder abgewertet? Das hat der Schriftsteller Gottfried Keller mit seinem Werk »Kleider machen Leute« vor über 100 Jahren schon festgestellt. In unserer modernen Gesellschaft hat man offensichtlich nichts dazugelernt!

Melanies Mutter wandte sich anschließend an die Schule und sprach mit der Klassenlehrerin darüber. Es wurden zwei Herangehensweisen vereinbart. Zum einen sollte Melanie in der schulpsychologischen Beratung selbstverstärkende Maßnahmen und Kompetenzen erlernen, um handlungsfähiger zu werden.

Die zweite Handlungsebene war ein fächerübergreifendes Konzept im Deutsch- und Religionsunterricht, das vorsah, mit den Schülern über Werte zu sprechen und geeignete Texte zur Diskussion heranzuziehen. Darüber hinaus besteht in so einem Fall auch die Möglichkeit, ein Interaktives Theater an die Schule zu holen, um anhand eines fingierten Falls mit den Schauspielern Lösungsmöglichkeiten zu erarbeiten und dann auf der Bühne umzusetzen. Schüler sind dabei durchaus kreativ, entwickeln gute Strategien und können schließlich selbst beurteilen, welcher Ansatz am besten zur Lösung des Konflikts dient. Über das Spiel hinaus wird man sehr schnell eigene Konflikt- und Mobbingsituationen im Vergleich heranziehen und kann so die eigenen sozialen Kompetenzen erweitern.

Dass sich Kinder und Jugendliche ab einem gewissen Zeitpunkt auch über Mode und Trends identifizieren, ist in unserer Gesellschaft unvermeidbar und zunächst auch nicht problematisch. Junge Erwachsene wollen sich ausprobieren und ihre Persönlichkeit auch über ihr Äußeres ausdrücken. Wenn die Kleidung jedoch zum alles beherrschenden Thema wird und die Ausgrenzung anderer rechtfertigt, müssen Eltern und Lehrer eingreifen und versuchen, ein neues Wertekonzept aufzuzeigen.

Wenn die Leistung in den Keller sinkt

Jennifer – Mobbing als Leistungsbremse

Inzwischen besucht die 13-jährige Jennifer die achte Klasse einer Realschule. Die vergangenen Schuljahre waren für sie ein Spießrutenlaufen, weil Jennifer angeblich »Probleme mit der Schule« hatte. Die Gründe hierfür waren aber letztlich nicht etwa darin zu finden, dass sie überfordert, desinteressiert oder unmotiviert gewesen wäre – im Gegenteil, ihre Lehrer erlebten sie zunächst als interessierte und pflichtbewusste Schülerin, die ihre Aufgaben zuverlässig erledigte und insgesamt einen ruhigen Eindruck machte. Allmählich wich dieser Eindruck aber einem anderen.

Schon zu Beginn der siebten Klasse wirkte Jennifer zunehmend still und desinteressiert, häufig auch abwesend. Dann häuften sich ihre Fehltage. Kopfschmerzen, Bauchschmerzen, Schwindel oder Menstruationsbeschwerden standen als Begründungen auf den Entschuldigungsschreiben der Eltern. Wenn Jennifer nach ihren Fehltagen wieder am Unterricht teilnahm, hatte sie meistens nichts nachgearbeitet und war auch nicht darüber informiert worden, was gerade dran war. Einzelne Fachlehrer beobachteten mit Sorge das allmähliche Absinken ihrer Leistungen und vernahmen die immer deutlicheren Kommentare seitens der Klasse: »Ist doch klar, Jennifer braucht wieder eine Sonderbehandlung« oder: »Wenn sie keinen Bock hat, bleibt sie halt zu Hause.« Parallel dazu, für die Lehrer allerdings noch unbemerkt, wurden böse und verleumderische E-Mails über Jennifer in Umlauf gebracht. Zu diesem Zeitpunkt bemerkten auch die Lehrer, dass Jennifer eine Außenseiterrolle einnahm. Immer wieder kam es vor, dass ihre Unterrichtsbeiträge unverschämt kommentiert wurden, zum Beispiel mit »Halt's Maul« oder »Streber«. Die beobachtbaren Anfeindungen nahmen zu.

Zum Halbjahr kam es dann zum Eklat, weil keine Mitschülerin mehr neben ihr sitzen wollte. Der Höhepunkt der Ausgrenzung schien erreicht zu sein! Mit viel Fingerspitzengefühl gelang es dem Klassenlehrer schließlich, ein Mädchen dazu zu bewegen, sich einen Tisch mit Jennifer zu teilen. Seine Wahl schien die Situation im ersten Moment zu entschärfen. Jennifer schien aufzublühen und eine Freundin gefunden zu haben. Endlich gab es eine Bezugsperson, einen Kontakt über den Unterricht hinaus! Jennifer hatte ein Mädchen gefunden, mit dem sie sich austauschen und auch die Pause verbringen konnte.

Der Klassenlehrer nahm diese Veränderung als äußerst positiv wahr, bis zu dem Zeitpunkt, als die Tischnachbarin – Annika – ein vertrauliches Gespräch mit ihm suchte. Annika beklagte sich mit einem Mal darüber, dass Jennifer »klammere« und sofort beleidigt und trotzig reagiere, wenn sie mit anderen die Pause verbringen wollte. Der Konflikt schien wieder aufzuflackern! Schon nach wenigen Wochen bestand Annika auf eine neue Tischnachbarin oder zumindest darauf, von Jennifer weggesetzt zu werden. Annika hatte nun ihrerseits Anschluss an die

Clique gefunden, die massiv feindselig gegen Jennifer auftrat. Unterstellungen seitens der Clique führten zu Trotzreaktionen Jennifers. So wurde ihr vorgeworfen, die Sportkleidung von Mitschülerinnen in einem anderen Stockwerk versteckt zu haben. Man behauptete, dass sie im Winter immer wieder absichtlich die Fenster aufreißen würde, damit ihre Mitschülerinnen frieren müssten. Diesen Unterstellungen folgten dann eine Reihe von Übergriffen und Gemeinheiten. So kippte man ihr zum Beispiel eine Flasche Limo im Schulranzen aus und klebte ihr Kaugummis zwischen Buchseiten. In regelmäßigen Abständen mussten Klassenleiterstunden dafür verwendet werden, um schwelende oder offene Konflikte in der Klasse anzusprechen oder zu »lösen«. Jennifer schien nun endgültig zum absoluten Einzelgänger abgestempelt worden zu sein. In seiner Not und in der Hoffnung, die Konflikte damit aus der Welt geschafft zu haben, veranlasste der Klassenlehrer, dass Jennifer in Zukunft an einem Einzeltisch sitzen solle. Ein offenes Klassengespräch erbrachte als Ergebnis, dass Jennifer zu sehr klammere und die Klasse nicht in Ruhe ließe.

Das war allerdings noch lange nicht der Höhepunkt von Jennifers Leidensweg. Das Skilager stand bevor. Inzwischen war sie so isoliert in ihrer Klasse, dass gar nicht daran zu denken war, sie mit ihren Mitschülerinnen in einem Zimmer unterzubringen. Keiner wollte freiwillig mit ihr ein Zimmer teilen. Der Ausweg für Jennifer war die Parallelklasse – man konnte ja versuchen, sie mit einer Außenseiterin der Parallelklasse in einem Zimmer unterzubringen.

Das dicke Ende kam dann am Schuljahresende. Im gemeinsamen Kochunterricht mischten ihr Schulkameradinnen heimlich Nüsse unter ihre Zutaten, weil sie wussten, dass Jennifer allergisch darauf reagierte. Der allergische Anfall folgte und rief sowohl die Schulleitung als auch die Eltern auf den Plan. Man griff selbstverständlich zu disziplinarischen Maßnahmen, aber diese bedeuteten noch keinerlei Ausweg aus Jennifers Außenseiterposition. Die Situation schien für sie selbst aussichtslos und verfahren.

Gibt es Risikofaktoren für Mobbing?

Die Frage nach den Risikofaktoren bedeutet nichts anderes, als die Frage nach Jennifers beobachtbaren Persönlichkeitsmerkmalen und ihrem Verhalten zu stellen, das sie gegenüber ihren Klassenkameraden an den Tag legte. Der Beschreibung nach kann man Jennifer zunächst einmal als sehr interessiertes und fleißiges Mädchen identifizieren, das den schulischen Pflichten gerne nachkam. Man kann sie zu Recht als gewissenhaften Typ bezeichnen, der darüber hinaus auch eine überdurchschnittliche Leistungsorientierung erkennen ließ. Vonseiten der Lehrer wurde sie zudem als eher schüchtern oder zurückhaltend beurteilt.

Aber sind diese Faktoren allein schon Risikofaktoren, die eine Mobbinggefahr heraufbeschwören können? Gewissenhaftigkeit und hohe Leistungsorientierung stellen nicht selten eine Anfrage an die Leistungen der Mitschüler dar. Gute bis sehr gute Leistungen können diejenigen von schwächeren oder selbstwertschwachen Schülern infrage stellen. Neid, ein konkurrierendes Klassenklima sowie ein schwaches Selbstwertgefühl der Mobbingtäter führen dann zu den im Fall Jennifer genannten abwertenden Äußerungen (»Streber«) und setzen weitere Prozesse in Gang.

Es handelt sich also um ein Zusammenspiel aus Persönlichkeitsmerkmalen des Opfers und des Täters, sowie ungünstigen Umgebungsbedingungen, wie zum Beispiel ein konkurrierendes Klassenklima. Wichtig erscheint es an dieser Stelle festzuhalten, dass es sich nicht um monokausale Zusammenhänge handelt. Es ist immer ein Netz aus zusammenhängenden Faktoren, das man entwirren muss, um den klaren Blick auf die Situation zu bekommen und erfolgreich handeln zu können.

Gute Schüler erleben nicht selten, dass ihre Mitarbeit vonseiten der Lehrer entsprechend positiv kommentiert wird oder dass man ihnen sogar eine gewisse Sonderstellung einräumt. Darauf kann man vielleicht auch Äußerungen seitens der Klasse zurückführen, wie »Ist doch klar, Jennifer braucht wieder eine Sonderbehandlung«.

Unumstritten bleibt jedoch, dass sie es ist, die durch ihre Beiträge das Unterrichtsgeschehen häufig voranbringt. Zu den bisher genannten Persönlichkeitsmerkmalen kann in manchen Fällen noch ein stark ausgeprägtes Gerechtigkeitsempfinden hinzukommen. Das äußert sich nach außen nicht selten als Rechthaberei oder Kritiksucht, was wiederum selbstwertschwachen Kindern und Jugendlichen vor Augen führen kann, wo sie ihre Defizite haben.

Aber bleiben wir bei Jennifers beobachtbarem Verhalten. Die Fallbeschreibung macht deutlich, dass es ihr nicht leichtfiel, freundschaftlichen Kontakt zu Mitschülerinnen aufzubauen. Wenn es ihr dann doch gelang, so schien sie sich an diesem Kontakt »festzuklammern«. Es war ihr »Erfolg«, an dem sie so lang wie möglich festhielt! Das allerdings machten ihr die Mitschülerinnen zum Vorwurf, weil sie Jennifers Verhalten allmählich als Last empfanden, derer sie sich entledigen wollten. Es wirkte vereinnahmend, wenn Jennifer einer Freundin nicht gestattete, sich auch anderen Mädchen zuzuwenden oder die Pausen mit ihnen zu verbringen. Jennifer wusste mit dieser Situation offensichtlich nicht angemessen umzugehen und sah sich bedroht. Sie reagierte beleidigt und trotzig darauf. An ihrer Reaktion erkennt man, dass weitere Formen des sozialen Umgangs oder der Konfliktfähigkeit in Jennifers Repertoire offenbar nicht ausreichend verfügbar waren. Nicht selten lassen Kinder an dieser Stelle Hilflosigkeit erkennen. Es ist schwierig, Nähe und Distanz richtig zu dosieren. Denn wie kann man reagieren, wenn der Rückzug des Freundes oder der Freundin als »Liebesentzug« und »existenzielle Bedrohung« gesehen wird? Wie kann man realistisch einschätzen lernen, welche Botschaft das jeweilige Verhalten vermittelt, um das Verhalten anderer entsprechend zu entschlüsseln? Wie lernt man Nähe und Distanz richtig zu beurteilen und damit umzugehen?

Diese Fragen gehören bereits in den Bereich der Verantwortung und der präventiven Möglichkeiten für Lehrer und Eltern. Letzteres soll an späterer Stelle ausführlich erörtert werden. Zunächst soll das Augenmerk auf die Signale gelenkt werden, die wir als Eltern und Erzieher von unseren Kindern und Jugendlichen in Mobbingsituationen erhalten.

Der Leistungsabfall als Warnsignal

Zunächst kann man beobachten, wie bei einem interessierten und pflichtbewussten Kind allmählich eine Verhaltensänderung eintritt. Die Eltern und Lehrer bemerken, dass Jennifers Interesse an der Schule nachlässt. Sie wirkt zunehmend desinteressiert, Aufgaben bleiben unerledigt und ihre Fehltage häufen sich. Zu Beginn, so scheint es, hat Jennifer gute Gründe dafür, weshalb sie nicht am Unterricht teilnehmen kann: Bauchschmerzen, Kopfschmerzen, Menstruationsbeschwerden. Das mussten auch die Eltern einsehen. Pubertätsbeschwerden sind in diesem Alter nichts Ungewöhnliches – wenngleich sie bei Jennifer auffällig häufig auftraten. Als mögliche Konsequenz aus dem Unterrichtsversäumnis, dem fehlenden Einsatz zum Nacharbeiten des Versäumten und dem steigenden Leidensdruck seitens der Klassenkameradinnen, kam es für Jennifer dann schließlich zum Leistungseinbruch. Die Noten gingen in den Keller, und die Eltern traten auf den Plan. Sie wollten wissen, wie man die Leistungen wiederherstellen könne. Das eigentliche Problem dabei wurde aber nicht angesprochen, weil es nur latent vorhanden war.

Auch der Fachlehrer und Klassenleiter hatte zu diesem Zeitpunkt noch keine weiteren Vermutungen hinsichtlich des tatsächlichen Problems. Also beschränkten sich beratende Gespräche mit den Eltern auf die sachliche Ebene der Schulleistungen. Jennifers Eltern versuchten den Leistungseinbruch und die veränderte Einstellung zur Schule zunächst als Pubertätsproblem zu sehen. Für das Nachforschen über andere Ursachen oder ein Gespräch darüber schien es auch für die Eltern zunächst keinen Anhaltspunkt zu geben.

Häufig verbergen die Opfer schulischer Gewalt ihre Situation vor ihren Eltern, weil sie sich ihrer Probleme schämen, sie nicht in der Lage sind, die Umstände richtig einzuschätzen oder versuchen wollen, alleine damit klarzukommen und niemanden zu belasten. Sie verheimlichen ihre Lage.

Allerdings kann man trotz aller Verheimlichungen seitens der Kinder und Jugendlichen Verhaltensänderungen feststellen. Bevor sie gemobbt wurde, war Jennifer ein interessiertes und pflichtbewusstes Kind. Eine Änderung dieses Verhaltens war ein Signal! Im Verlauf ihrer Leidensgeschichte wurden immer mehr Fachlehrer auf das Absinken ihrer Leistungen aufmerksam. Kommentare aus der Klasse, die ihre Fehlzeiten oder ihre Unterrichtsbeiträge zum Inhalt hatten, häuften sich – ein weiteres Signal, die Situation als ernst einzustufen. Leider erfolgte zu diesem Zeitpunkt keine weitere Recherche bezüglich der Ernsthaftigkeit von Jennifers Lage. Dem Klassenleiter ging es vorrangig darum, Störfälle in der Klasse zu vermeiden oder abzuschaffen. Die Eltern machten sich Hoffnungen auf eine Verbesserung, wenn die Nachhilfe endlich greifen würde. Zu Hause erfolgte zusätzlich Druck wegen schlechter Leistungen. Appelle folgten,

Jennifer solle sich doch endlich einen Ruck geben und »ihren inneren Schweinehund« überwinden, denn die anderen schafften es doch auch – trotz Pubertät. Es gab weitere, offensichtliche Signale. Mitschülerinnen meldeten sich zu Wort, klagten und forderten, Jennifer solle nicht klammern und sich von ihnen wegsetzen. Was bisher verdeckt und heimlich hinter dem Rücken der Lehrer in der Klasse ablief, wurde nun öffentlich. Das deutet eine weitere Verschärfung der Situation an.

Die Radikalität, mit der die Klassenkameraden schließlich die Ausgrenzung Jennifers betrieben, zeigt, dass Mobbing verschiedene Phasen der Intensität durchlaufen kann. Jennifer muss isoliert werden – so lautete zuletzt die klare Forderung! Und der Klassenlehrer verschaffte ihr diesen Platz. Aus seiner Sicht natürlich, um sie zu schützen und den Konflikt aufzulösen. Aus der Klasse folgten jedoch weitere Anschuldigungen, die mit Trotzreaktionen von Jennifer beantwortet wurden. Als weitere Verschärfung der psychischen Gewalt, die eine Clique auf Jennifer ausübte, ist die Reihe an Übergriffen anzusehen: Getränk im Schulranzen auskippen, Kaugummi in Buchseiten kleben, ausgrenzende E-Mails verschicken, Nüsse in Jennifers Zutaten mischen. Versucht man in all diese Vorkommnisse eine Chronologie zu bringen, so kann man unschwer ein spiralartiges Anwachsen der psychischen Gewalt erkennen, der Jennifer ausgesetzt war.

Mobbingstrukturen und Gruppendynamik

Jede Klasse bildet im psychologischen Sinne eine Gruppe von willkürlich zusammengesetzten Gruppenmitgliedern, die ein gemeinsames Ziel verfolgen – das Klassenziel zu erreichen. Sinn und Zweck der Klassengemeinschaft ist also nicht die Harmonie, sondern ein einvernehmliches und lernförderliches Klima zu schaffen, um gemeinsam das Klassenziel erreichen zu können. Doch diese willkürlich zusammengewürfelte Gemeinschaft stellt einen wichtigen Entwicklungsraum für die Kinder und Jugendlichen dar. Soziale Kompetenzen und individuelle Entwicklungsfortschritte sollen erworben und verfestigt werden.

Jede Gruppe setzt aber auch gruppendynamische Prozesse in Gang. Kinder und Jugendliche von 10 bis 16 Jahren, die sich in der kritischen Lebensphase der Pubertät befinden, müssen für sich selbst Entwicklungsaufgaben bewältigen. Dazu gehört wesentlich, seinen Standort innerhalb der Gleichaltrigen, der Peergroup, zu finden und sich mit seiner Identität zu beschäftigen. Alterstypische Fragen in diesem Prozess sind: Wer bin ich? Wo stehe ich innerhalb meiner Gruppe? Welche Merkmale und Charaktereigenschaften zeichnen mich aus? Wohin geht es mit mir?

Es ist normal, dass Jugendliche in Abgrenzung und im Vergleich zueinander versuchen, ihren individuellen Standort zu finden. Die Praxis des schulischen Alltags zeigt immer wieder, dass dies nicht reibungslos verläuft und Hilfeleistungen sowie Interventionen seitens der Lehrer und Eltern immer wieder nötig sind, damit die

»Standortsuche« sozial verträglich ablaufen kann. Meistens bilden sich in Klassen Hierarchien heraus. Es beginnt oft schon mit der Wahl des Klassensprechers, die in vielen Fällen einer Sympathiewahl gleichkommt. In Klassenhierarchien gibt es die Gruppenanführer, die bestimmen wollen, die Gruppe der Mitläufer und die Randfiguren, die auch zu Außenseitern und Opfern von Mobbing werden können.

Wer es schafft, sich um die Anführer und Rädelsführer zu gruppieren, der steht scheinbar auf der Seite der Stärkeren und hat nichts zu befürchten. Man bezeichnet diese Gruppenmitglieder häufig als Mitläufer.

Als Mitläufer können all diejenigen gelten, die auf der »richtigen Seite« stehen wollen, sich nicht gegen die Anführer stellen und sich von diesen vorschreiben lassen, was sie zu tun und zu lassen haben. Nicht selten werden sie gegängelt und instrumentalisiert. Sie lassen es sich gefallen aus Angst, fallen gelassen, zum Außenseiter gestempelt oder mit Liebesentzug bestraft zu werden. Diese vereinfachte Darstellung veranschaulicht den gruppendynamischen Raum, den eine Klasse bietet. Dieser Raum ermöglicht es den Schülern, eine Rolle einzunehmen und mit dieser Rolle innerhalb der Gruppe für Erwartungssicherheit zu sorgen. So gibt es den Anführer, den besten Freund, die Gruppe der Sympathisanten, den Klassenclown, den Rechthaber, den Außenseiter etc. Der gruppendynamische Raum sorgt in positiver Weise für individuelle Sicherheit durch Positionierung. Jeder weiß, wo er steht. Im Fall des Mobbings innerhalb einer Klasse wird dieser Raum aber zur

Falle und führt zur Behinderung von Entwicklungspro-
zessen.

Im Fall Jennifer gab es »die Clique«, eine Gruppe
bestehend aus Rädelsführern und Mitläufern, und es gab
eine Freundin, Annika, die im Lauf der Zeit zur »Über-
läuferin« wurde und Jennifer den Rücken zukehrte.

Die Rädelsführerin und ihre Clique waren Täter
der Mobbingattacken. Rädelsführer befinden sich an der
Spitze der Gruppenhierarchie. Sie unterscheiden sich
von den anderen Klassenkameraden hinsichtlich ver-
schiedenster Merkmale, je nach Beschaffenheit der Gruppe. Ein häufig auftretendes Merkmal ist ihre dominante
Verhaltensweise. Sie geben verbal zu verstehen, dass sie
Anführer sind, und dokumentieren es nicht selten durch
entsprechende Taten. Sie fordern die Bewunderung und
die Anerkennung ihrer Peergroup ein, wobei Macht-
kämpfe und Drohungen zu ihrem Repertoire gehören.
Sie üben Druck auf die Klasse aus.

Die Klasse zerfällt dabei nicht selten in Sympathisanten und Außenseiter. Neutrale gibt es in der Regel
wenige. Das kann man im Fall Jennifer gut erkennen.
Annika ist zunächst eine neutrale Person, die aber durch
ihre Banknachbarschaft und einen zunächst freundlichen
Umgang mit Jennifer zwischen die Fronten zu geraten
scheint. Sie wechselt die Position – Jennifer wird damit
erneut zum Außenseiter und verfestigt ihre Stellung. Die
Klasse scheint ebenfalls hinter der Clique zu stehen,
wie die Klassendiskussionen zeigen. Anhand dieses Falles kann man gut erkennen, dass die Positionen innerhalb
der Gruppe nicht so stabil sind, wie sie scheinen. Mitläu-

fer haben unterschiedliche Gründe, weshalb sie ihr Verhalten den Gruppenanführern anpassen. Die Rädelsführer sichern ihre Position durch Demonstrationen ihrer Macht und über Einschüchterungsversuche. Sehr häufig verbergen sich hinter diesem Verhalten ein ausgeprägter Egozentrismus, ein stark unterentwickeltes Selbstbewusstsein sowie häufig auch Kompensationsverhalten: Die Anführer versuchen, schlechte Leistungen und Minderwertigkeitsgefühle über die erzwungene Anerkennung in der Klasse und das Drangsalieren von vermeintlich Schwächeren zu kompensieren.

Wann und wie sollten Eltern einschreiten, wenn sie den Leistungsabfall beim Kind bemerken?

Ob nun die Eltern von Jennifer angehalten wurden, sich nicht in ihre Angelegenheiten einzumischen, oder ob sie selbst aus Unsicherheit heraus Abstand davon genommen haben, wissen wir nicht. Es wäre aber seitens der Eltern sinnvoll gewesen, das Gespräch mit den Fachlehrern zu suchen, um auch die psychosoziale Ebene und Problematik unter die Lupe zu nehmen: Wie geht es dem Kind in der Klasse, welche Probleme hat es mit Mitschülern, weshalb fehlt es so häufig im Unterricht?

Fragen, die nicht immer auf die schnelle Art zu beantworten sind, die aber erkennen lassen, dass Eltern für Mobbingsignale sensibilisiert sind. Jennifers Eltern hätten sowohl durch gezielte Ursachenforschung als auch durch die Konfrontation des Klassenlehrers für mehr Klarheit und Aufklärung sorgen können. Ein soziales Netzwerk zwischen Elternhaus und Schule zu schaffen bewirkt in diesem Fall sehr viel. Sowohl Eltern als auch betroffene Lehrer können sich in ihren Aktionen unterstützen und die nötige Rückendeckung gewähren. Gemeinsame Strategien zu entwickeln und an einem Strang zu ziehen, bietet die beste Aussicht auf Erfolg.

Wie kann das konkret umgesetzt werden? Eltern soll immer dazu geraten werden, wenn die Gespräche mit dem Kind erfolgt sind, den Klassenlehrer oder einen anderen Lehrer, dem das Kind vertraut, aufzusuchen. Der Lehrer oder die Lehrerin hat die Möglichkeit, mit einzelnen Schülern in Einzelgesprächen die Vorfälle zu klären und aufzudecken. Die Veröffentlichung dessen, was bislang hinter dem Rücken der Lehrer und der Eltern in der Klasse lief, ist ein erster wichtiger Schritt. Man signalisiert dem Verursacher von Mobbingvorfällen, dass man ihm auf die Schliche gekommen ist und sein Verhalten nicht länger toleriert und es sanktioniert, zum Beispiel durch eine schulische Strafe oder einen sozialen Dienst. Hat man die Eltern mit im Boot, erfüllen sie eine wichtige Feedbackfunktion, indem sie dem Lehrer rückmelden können, ob die schulischen Maßnahmen bereits zu entlastenden Resultaten für das leidende Kind geführt haben.

Eltern sollten sich nicht von einer unbestimmten Angst des Kindes davon abbringen lassen, mit der Schule diesbezüglich zu kooperieren. Denn nicht selten fürchten Mobbingopfer, sie könnten noch schlimmerem Druck ausgesetzt werden, wenn sich die Eltern einmischen. Es handelt sich dabei jedoch um eine unbestimmte

Angst! Mit Sicherheit verschlimmert sich aber die Lage, wenn nur punktuell gehandelt oder eingedämmt wird und die Lösungsversuche verpuffen.

Stress und Angst blockieren den Lernerfolg – Der Fall Andreas

Wie sehr Kinder unter Mobbing leiden, zeigt auch folgender Fall: Andreas schrieb in der siebten Klasse anfänglich gute Noten. Er war ein ruhiger, fleißiger, anstrengungswilliger Schüler, bis plötzlich die Noten abfielen. Auf Nachfrage der besorgten Klassenlehrerin gab Andreas keine Antwort. Auch die Mutter versuchte durch häufiges Nachfragen bei ihrem Sohn herauszufinden, was denn die Ursache für den Noteneinbruch sei. Andreas schwieg beharrlich weiter. Es war nicht möglich, an ihn heranzukommen. Zudem häuften sich Krankheitssymptome wie Kopfweh, Bauchweh, Schlafstörungen, damit verbunden Müdigkeit und ein häufiges Sich-übergeben-Müssen in der Schule. Er fehlte immer häufiger im Unterricht. Aus ärztlicher Sicht konnte man keine körperliche Ursache für die Krankheiten finden. Die Klassenlehrerin versuchte, über die Klasse herauszufinden, was mit Andreas los sei, aber alles Befragen blieb ergebnislos. Andreas' Leistungen fielen kontinuierlich ab. Er konnte das Klassenziel nicht erreichen und wiederholte auf Drängen der Eltern die siebte Klasse, obwohl er selbst gern auf eine andere Schule gewechselt wäre.

Anzeichen für Mobbing früh wahrnehmen

Was können Eltern an diesem Fall erkennen? Es fällt auf, dass auch wachsame Eltern, die auf die Signale ihrer Kinder achten, in Situationen geraten können, in denen sie macht- und hilflos sind, da die Kinder trotz wiederholtem Nachfragen die Antwort verweigern. Das muss den Eltern signalisieren, dass etwas nicht in Ordnung ist, und sie in Alarmbereitschaft versetzen. Wenn man sich als Elternteil an dieser Stelle zurückzieht und denkt »Gut, dann eben nicht!«, gibt man sein Kind auf und lässt es allein. Das heißt, trotz der ablehnenden Haltung ihres Kindes oder gerade weil ihr Kind ihre Hilfe nicht annimmt und weiter schweigt, haben Eltern die undankbare Aufgabe, weiter dranzubleiben, sich nicht entmutigen zu lassen. Vielleicht braucht ein Kind die Eltern dann am meisten, wenn es sie abzulehnen scheint. Das ist kraftraubend, anstrengend und kostet viele Nerven, zeigt aber dem Kind, dass es nicht alleingelassen wird und Eltern hat, auf die es zählen kann, die zuverlässig sind.

In der Beratungstätigkeit drängt sich manchmal der Verdacht auf, dass es zwar sehr viele engagierte Eltern gibt, dass sich ein Teil aber auch von der Verantwortung verabschiedet hat und die Verfolgung eigener Ziele als wichtiger erachtet. Auf der Strecke bleiben die Kinder, die auf die Verlässlichkeit ihrer wichtigsten Bezugspersonen angewiesen sind und nur so selbst zu verlässlichen Erwachsenen werden können. Unverbindlichkeit, mangelhafte Bindungsfähigkeit und geringe Frustrationstoleranz scheinen die gesellschaftlichen Folgen zu sein.

Lernen im angstfreien Raum

Zurück zu Andreas: In der Wiederholungsklasse blühte er plötzlich wieder auf. Klassenkameraden erzählten der Beratungslehrkraft, dass Andreas im Jahr zuvor von einigen Mitschülern gemobbt wurde. Erst jetzt erzählte Andreas auf Drängen seiner neuen Freunde von seinen schlimmen Erlebnissen in der vorigen Klasse. Er war isoliert, ignoriert worden. Später waren anonyme Zettel in der Pause mit Verleumdungen verteilt worden. Es war darin behauptet worden, Andreas habe geklaut, er nehme Drogen. Als Andreas damals gedroht hatte, er werde sich den Eltern oder Lehrern anvertrauen, hatten die Mitschüler angekündigt, sie würden ihn verprügeln. Aus Angst hatte Andreas geschwiegen.

Bei der Befragung der Täter, welche erst ein Schuljahr später stattfinden konnte, stritten diese alles ab, und die Klasse schwieg weiter zu den Vorfällen. Natürlich ist es ungünstig, nach einem Jahr nochmals die Ereignisse vom Vorjahr aufzurollen. Bei allen pädagogischen Interventionen gilt der Grundsatz, zeitnah einzugreifen, damit dem Schüler klar ist, welche Handlungen nicht geduldet werden. Je später die Reaktion auf nicht akzeptiertes Verhalten erfolgt, desto weniger einsichtig wird sie.

In diesem Fall war bei den Mobbern leider kein sichtbarer Gesinnungswandel festzustellen. Und es ist Tatsache, dass die Schule nicht jeden Mobbingvorfall erfolgreich lösen kann. Aber sie muss Mobbingerlebnisse aufgreifen und darf nicht wegsehen. Wenn die Schule tatenlos zusieht, macht sie sich am Mobbingopfer schuldig und zum duldenden Mittäter. In dieser Richtung hat sich in letzter Zeit an den Schulen viel getan – keine Schule kann es sich mehr leisten, bei Mobbing wegzusehen. Dazu ist das Thema zu sehr in das öffentliche Interesse geraten. Es zeichnet eine Schule aus, wenn es möglichst wenig Mobbingfälle gibt. Dies spricht sich unter den Eltern herum und ist ein Kriterium bei der Wahl der künftigen Schule. Schließlich wirkt sich anhaltendes Mobbing, wie gezeigt wurde, häufig massiv auf die Leistungen der Schüler aus. Es ist deshalb eine wichtige Aufgabe der Schule, einen angstfreien Raum zu schaffen, in dem die Lernfreude der Kinder nicht blockiert wird.

Wenn nur die Neider nicht wären –
Vom Leid der Begabten

Franziska – Hochbegabt, aber einsam

Franziska startete voll Freude in die fünfte Klasse einer weiterführenden Schule. Aus ihrer Grundschulzeit begleitete sie glücklicherweise niemand auf die von ihr gewählte Schule. Für Franziska sollte ein neues Leben beginnen, ohne die unerfreulichen Erfahrungen aus der Vergangenheit! Sie kam nämlich bereits mit einschlägiger Mobbingerfahrung auf die weiterführende Schule.

In ihrer Grundschulklasse war sie das jüngste Kind gewesen. Wenn ihre Mitschülerinnen der vierten Klasse bereits kleine Lippenstifte in ihren Mäppchen zur Schule mitbrachten, Klamotten und Fernsehsendungen diskutierten, konnte Franziska nicht mitreden. Auch erlaubten es ihr die Eltern nicht, am Nachmittag stundenlang mit »der Clique« draußen auf Spielplätzen herumzulungern. Aus Sicht ihrer Klassenkameradinnen war sie noch »das Baby« und ziemlich »uncool«, weil sie noch gerne mit ihren Barbies oder ihrem Reiterhof spielte.

Diese Äußerlichkeiten hätten an sich schon ausgereicht, um Franziska zum Außenseiter werden zu lassen. Sie war aber auch noch sehr gut in der Schule und für ihr junges Alter den Mitschülerinnen deutlich voraus. Sie besaß Begabungen, für die sie auch in der Schulgemeinschaft seitens der Lehrer und des Direktorats sehr gelobt wurde. Franziska spielte sehr schön Klavier und konnte auf schulischen Veranstaltungen immer wieder Beiträge zum musikalischen Programm leisten.

Für Franziska begann eine über Wochen andauernde Phase, in der die Mitschülerinnen ihre Verabredungen hinter ihrem Rücken trafen. Sie wurde auf keine Geburtstagsfeier mehr eingeladen und Versuche, befreundete Mädchen zu sich nach Hause einzuladen, scheiterten am Desinteresse oder den Ausflüchten der Mädchen. Franziska fühlte sich zunehmend isoliert.

Wenn sie aus krankheitsbedingten Gründen nicht zur Schule gehen konnte, rief sie niemand mehr an, um sich zu erkundigen, wie es ihr ging, oder um ihr mitzuteilen, was es an Hausaufgaben gab. Aus einem fröhlichen und mitteilsamen Grundschulkind wurde langsam ein ernsthaftes, schweigsames Mädchen. Als sie von ihren Eltern gefragt wurde, warum sie nichts mehr über die Schule und ihre Mitschülerinnen erzähle, stand sie mit hängenden Schultern sprachlos vor ihnen. Franziska sah für sich selbst keine Möglichkeit, ihre Situation zu verändern. Wie hätte sie das bewerkstelligen sollen? Stattdessen setzte sie nun all ihre Hoffnungen auf den befreienden Übertritt an die neue Schule. Da sollte alles anders werden und sie würde auch wieder Freundinnen finden.

Zu Beginn der fünften Klasse sollten sich ihre Hoffnungen endlich erfüllen. Franziska traute sich wieder auf andere zuzugehen, war fröhlich und mitteilsam. Sie konnte sogar eine »beste« Freundin finden, die ihr einen »Liebesbeweis« nach dem anderen zukommen ließ. So schrieb sie ihr Briefchen und legte sie Franziska ins Mäppchen: »Franzi, du bist meine allerbeste Freundin!«

Sie überschüttete Franziska mit emotionalen Freundschaftsbeweisen. Dabei war das Küssen und Umarmen bei Schulbeginn und Schulende an der Tagesordnung. Die Wochenenden wurden immer häufiger mit gegenseitigen Besuchen der Kinder verbracht, und Franziska war überglücklich über diese erstaunliche Wende. Auch in der Klassengemeinschaft schien alles noch zu stimmen. Jeder war integriert und es gab keine beobachtbare Cliquenbildung.

Einmal Mobbingopfer, immer Mobbingopfer?

Zum Schuljahresende hin wendete sich das Blatt. Einige Mädchen hatten sich bereits zu Cliquen zusammengefunden. Da gab es beispielsweise die »Stadtteilclique«, die durch die räumliche Nähe zueinander viele gemeinsame Unternehmungen startete. Daneben gab es auch die »Manga Clique«, die Mangas zeichnete und inzwischen schon, entsprechend ihrer präpubertären Entwicklungsschritte, andere Interessen wie Mode und Jungs entwickelte. Ihr Interessensgebiet unterschied sich deutlich von dem der »Streber«.

Franziska gehörte jetzt plötzlich in dieses Lager der »braven Streber«. Denn auch am Gymnasium konnte Franziska ihre guten Noten halten, und durch die Aufnahme in ein attraktives Orchester setzte sie sich leistungsmäßig vom Klassendurchschnitt ab. Ihre beste Freundin begann sich allmählich von ihr zu distanzieren und schloss sich anderen Mädchen an. Die Liebesbeweise und Verabredungen blieben aus. Ihre Pausen verbrachte Franziska immer häufiger alleine. Versuche

ihrerseits, sich der neu gefundenen Clique anzuschlie-
ßen, der ihre beste Freundin nun angehörte, scheiterten.
Franziska wurde als nervend und lästig empfunden. Sie
dränge sich auf und könne es nicht ertragen, wenn
Freundinnen auch noch weitere Freundschaften pfleg-
ten.

Die Situation verschlimmerte sich für Franziska dadurch, dass sie nun auch geschnitten wurde und Mädchen ihr einfach den Rücken zukehrten, wenn sie einen
Versuch der Kontaktaufnahme unternahm. In der Früh,
beim Busfahren, saß sie jetzt oft alleine und die fröhlichen, freundschaftlichen Begrüßungsrituale zum Schulbeginn blieben aus. Sie sah immer häufiger kleine Grüpp-
chen zusammenstehen, die miteinander tuschelten oder
ihre Verabredungen ohne sie trafen.

Die Zahl der Mitschülerinnen, die sich noch offen mit
ihr unterhielten, beschränkte sich schließlich nur noch
auf zwei Mädchen. Für Franziska begann eine weitere
Leidenszeit, die sie schmerzhaft an die Erfahrungen aus
der Grundschulzeit erinnerte. Sie litt sehr unter ihrer
Situation, was man an ihrem gedrückten Verhalten und
ihrer Schweigsamkeit erkennen konnte.

Nach Wochen der Ausgrenzung rief eine besorgte
Mutter bei Franziskas Eltern an, um ihnen mitzuteilen,
was in der Klasse tatsächlich vor sich ging und wie die
Mitschülerinnen ihre Tochter ausgrenzten. Ihre Eltern
fielen aus allen Wolken, als sie diese Nachricht vernahmen. Sollte die Familie noch einmal durchleiden, was
nach Beendigung der vierten Grundschulklasse endlich
überwunden zu sein schien?

Die Mutter wirkte sehr betroffen und resigniert: »Hat mein Kind denn auf der Stirn ›Mobbe mich!‹ eingebrannt?«, äußerte sie gegenüber der Schulpsychologin. Bislang war den Eltern lediglich aufgefallen, dass die Verabredungen am Wochenende ausblieben und Franziska kaum noch etwas über ihre Mitschülerinnen erzählte. Sie hatten sich darüber keine weiteren Gedanken gemacht, denn schließlich tritt ja immer irgendwann einmal ein Gewohnheitseffekt ein, und Kinder stellen sich schnell auf neue Situationen oder neue Mitschüler ein. Nachdem sie von Franziskas Situation in der Klasse erfahren hatten, konfrontierten die Eltern sie mit der Frage, weshalb sie sie nicht ins Vertrauen gezogen habe. Als Antwort erhielten sie nur ein Schulterzucken. Die Frage stand im Raum: »Was hättet ihr mir schon raten oder für mich tun können?«

Franziskas Mutter entschied sich dafür, den Klassenleiter aufzusuchen, um für Klärung zu sorgen und weitere Informationen zu erhalten. Auch ihm war aufgefallen, dass sich das Klassenklima verändert hatte. Die Mädchen schienen »zickiger« geworden zu sein. Die Toleranzschwelle gegenüber gemeinsamen Aktionen der Klasse und den Beiträgen einzelner Schüler war merklich abgesunken.

Die Stimmung war im Vergleich zum Schuljahresbeginn gedrückt. Verlautbarungen diesbezüglich wurden sogar schon seitens einzelner Schüler laut. Herr Peters, der Klassenleiter, entschied sich für ein Gespräch mit der Klasse, um den Gründen für das Stimmungstief nachzugehen.

Im Klassengespräch führte dann Sarah, Franziskas ehemals »beste Freundin«, das große Wort und bot »Gründe« an, die zur negativen Stimmung innerhalb der Klasse führten. Sie erwähnte auch Franziska, indem sie hervorhob, wie unsensibel sie reagiere, wenn man ihr signalisiere, dass sie im Moment unerwünscht sei. Sie würde einen regelrecht durch ihre Art bedrängen und den Mädchen »die Luft nehmen«. Sarah schaffte es, sich in ihrer »sachlichen« Art und ihrem Amt als Klassensprecherin die nötige Anerkennung aus den Reihen ihrer Klassenkameradinnen zu sichern und somit allen Verdacht von sich zu lenken. Sie führte das Wort als verantwortungsbewusste Klassensprecherin und keiner sollte ihr öffentlich widersprechen oder klarstellen, wie unangemessen und hinterhältig ihr Vorgehen gegenüber Franziska war. Dass Franziskas Ausgrenzung von Sarah ausging, davon waren einige dennoch überzeugt, was eine Mutter dazu veranlasste, Franziskas Mutter anzurufen. Nachdem eine erste »Veröffentlichung« und negative Bewertung der Klassensituation seitens der Klasse, des Klassenleiters und der Eltern vorgenommen wurde, geriet Sarah leicht unter Druck.

Sie versuchte, einen ersten Schritt zu unternehmen, um jegliche zukünftige Vorwürfe oder ihr eigenes schlechtes Gewissen von sich zu weisen, und schrieb eine Mail an Franziska: »Franziska, wenn ich in meinen direkten Äußerungen über dein Verhalten verletzend zu dir war, dann tut es mir leid. Ich wollte wirklich nicht, dass unsere Probleme solche Kreise in der Klasse ziehen. Bitte verzeih mir!«

Franziska erhielt die Mail und überlegte, ob und wie sie darauf reagieren könne. Schließlich fand sie das Klassengespräch sehr verlogen, weil sich Sarah in ein positives Licht gerückt hatte und sie nach wie vor mit einem Makel behaftet war. Franziskas Mutter war ebenfalls verunsichert und zugleich erbost. Am liebsten hätte sie sofort zurückgemailt und Sarahs Mutter über die Dreistigkeit ihrer Tochter in Kenntnis gesetzt.

Das Kind nicht zum hilflosen Opfer machen

Der erste Impuls der Eltern Franziskas bestand darin, ihre Tochter in Schutz zu nehmen und für rasche Abhilfe dieser unerträglichen Situation zu sorgen.

Dazu gehörte natürlich eine strategische Handlungsplanung und Durchführung, die über den Kopf und die Möglichkeiten Franziskas hinweg getroffen wurde. Sie waren schließlich die Eltern, mit einer entsprechenden Lebenserfahrung ausgestattet und mit einem stark ausgeprägten Verantwortungsgefühl ihrer Tochter gegenüber. Aus diesen Gründen heraus wollten sie die Angelegenheit selbst regeln und so schnell wie möglich aus der Welt schaffen.

Franziskas Leidenszeit sollte endgültig vorbei sein, ihre gewohnte unbeschwerte und mitteilsame Art sollte wieder zum Vorschein kommen, und die Übeltäterinnen müssten seitens der Schule zur Rechenschaft gezogen und bestraft werden. Ein natürlicher Impuls, der zeigt, wie ein liebendes und behütendes Elternteil sich für sein scheinbar schutzloses Kind einsetzt. Häufig regeln Eltern Angelegenheiten für ihre Kinder, die sie selbst noch nicht in die Hand nehmen können.

Doch ist dies bei Franziska der Fall? – Um darüber zu befinden und über geeignete Handlungsmöglichkeiten nachzudenken, muss man den Fall genauer betrachten. Ist Franziska tatsächlich so hilflos und unfähig, ihre Angelegenheiten selbst zu lösen?

In diesem Fall muss man einen Blick auf die näheren Umstände werfen. Franziska ist das jüngste Kind in der Grundschulklasse gewesen – trotzdem musste sie mit den Mitschülern, die fast alle ein Jahr älter waren, mithalten. Entwicklungsschritte, die zeitlich durchaus individuell ablaufen, wurden zum Teil beschleunigt. Das setzt ein Kind unter Druck. Schule ist nicht nur Bildungsstätte, sondern auch Entwicklungsraum. Entwickelt werden sollen und müssen nicht nur die kognitive Begabung der Kinder oder der Wissenszuwachs, sondern ebenso sehr die sozialen Fähigkeiten und Fertigkeiten. Dazu gehört auch die Fähigkeit, Freundschaften aufzubauen und zu halten, Konfliktfähigkeit und das Sich-Einsetzen für andere zu üben. Werteentwicklung ist bereits im frühkindlichen Alter ein wichtiges Ziel und eine herausfordernde Aufgabe der Erziehungsarbeit im Elternhaus, die sich selbstverständlich im schulischen Kontext fortsetzen sollte.

Franziska ist zunächst noch ein sehr junges und sensibles Kind, das ihrem Alter gemäßen Interessen nachgeht und deshalb Schwierigkeiten damit hat, die Interessen ihrer Schulkameradinnen zu teilen. Während sie noch an Rollenspielen mit Puppen interessiert war, suchten sich ihre Schulkameradinnen bereits andere Spiele und Inhalte.

Obwohl Franziska leistungsmäßig und kognitiv leicht mithalten konnte, wurden ihre Möglichkeiten für ihre persönliche und soziale Entwicklung beschnitten. Die Zeit dafür schien zu fehlen, der Entwicklungsraum war nicht altersadäquat. Franziskas stabiles familiäres Umfeld und ihre positive Persönlichkeit verhalfen ihr schnell dazu, sich im neuen Umfeld des Gymnasiums zurechtzufinden und sich auch leistungsmäßig eine gute Ausgangsposition zu verschaffen. Mithilfe der neuen Gruppenstrukturen gelang es ihr, eine Freundin zu finden, allerdings nur für das erste Halbjahr. Dann traten wieder Probleme auf.

Aus Elternsicht waren diese Probleme nicht neu: Franziska wurde schon wieder zum Außenseiter gestempelt, ignoriert und ausgeschlossen. Eine scheinbare Wiederholung eines bekannten Motivs. Doch was war daran bekannt und woraus bestand die Wiederholung?

Es wäre verkürzt zu sagen, dass es eben überall miese Typen gibt, die ein begabtes Kind mobben und ihren Neid zum Ausdruck bringen. Tatsächlich hat sich das Leiden des Kindes an seiner sozialen Situation wiederholt, und wiederum fühlten sich Franziska und ihre Eltern hilflos. An dieser Stelle möchte ich darauf hinweisen, dass Entwicklungen und Konflikte Zeit beanspruchen. Was scheinbar schnell gelöst wird, ist oftmals lediglich unter den Teppich gekehrt worden und schwelt dort weiter. Hilflosigkeit wird überwunden durch Handlungssicherheit, und diese kann nur durch Erprobung an bestimmten Gelegenheiten heranreifen. Erfahrungen zu machen kostet Zeit, fördert aber die Handlungssicherheit.

Es ist demnach von großer Bedeutung, dass Eltern ihren Kindern die Möglichkeit bieten, sich selbst zu erproben und ihre eigenen Erfahrungen zu machen, aus denen sie Stabilität und Selbstbewusstsein gewinnen. Tritt eine Situation ein, die der durchlebten sehr ähnlich ist, dann hat das Kind ein Repertoire an Handlungsmöglichkeiten erworben und kann daraus einen Nutzen ziehen. Eltern, die ihren Kindern in diesem Prozess des Sichausprobierens eine Hilfe zur Selbsthilfe werden, schaffen günstige Voraussetzungen für zukünftige positive Entwicklungsschritte. Denn dann wird es den Kindern zunehmend selbst gelingen, ihre Angelegenheiten erfolgreich in die Hand zu nehmen und entsprechende Erfolgserlebnisse zu verzeichnen.

Allerdings sollte man dabei berücksichtigen, dass ein Erproben von möglichen Schritten auch einen Rückfall mit sich bringen kann. Versuch und Irrtum – beides hat seine Berechtigung! Nun kann man aus Elternsicht vielleicht leicht ungeduldig werden, wenn es um das Leiden des eigenen Kindes geht. Einen Rückfall oder ein Herumexperimentieren möchte man in diesem Fall sicher vermeiden. Wie kann man zielführend und rasch Hilfe zur Selbsthilfe anbieten?

Am Fall Franziska kann man erkennen, dass der erste Schritt der Eltern die Hinwendung zum Kind und seiner Problematik ist.

Franziskas Eltern eröffneten das Gespräch mit Franziska mit der Frage, warum sie sich nicht längst mitgeteilt habe. Eine allzu verständliche Frage, wenn man bedenkt, dass die Eltern die engsten Kontaktpersonen des Kindes sind. Doch sind sich Eltern nicht immer bewusst, dass ihr geäußertes Verständnis und die »Einforderung« der Information beim Kind anders gehört und verstanden werden kann. Franziska versuchte zunächst, ihr Problem selbst zu regeln – das ist verständlich und aus psychologischer Sicht ein altersangemessenes Vorgehen. Kinder sollen schließlich im Zuge ihrer natürlichen Autonomieentwicklung ihre Angelegenheiten selbst klären. Franziska zog sich zurück und litt, was ihr auch anzumerken war. Sie war ruhig geworden, nicht mehr das fröhliche und mitteilsame Kind von früher. Anstatt Franziska zu signalisieren, dass sich ihr Verhalten offensichtlich verändert habe, und ihr daraufhin ein Gesprächsangebot zu machen, kommt ein Vorwurf von den Eltern: »Warum hast du uns nicht ins Vertrauen gezogen?« Franziska wird verunsichert, hat sie ihre Lage doch selbst noch nicht so recht begreifen und beurteilen können. Was sollte sie dann erst ihren Eltern erzählen? Franziskas Eltern agieren aus dem Impuls der behütenden Eltern heraus, die ihr Kind schützen wollen, und neigen in dieser Situation zum übergriffigen Verhalten, indem sie Lösungen erfinden. Doch die sind nicht immer auf das Kind zugeschnitten und erlauben es ihm nicht, eine eigene gangbare Lösung zu finden, die in der Umsetzung eine Steigerung des Selbstwerts mit sich bringen würde.

Dem Mobbingopfer die Handlungsmacht zurückgeben

Anstatt das Kind zum hilflosen Opfer zu machen und die Lösung der Probleme selbst zu übernehmen, sollten Eltern genau auf die Bedürfnisse und Fähigkeiten des Kindes eingehen. So sollte man ein Gesprächsangebot machen, in dem die Beobachtungen des veränderten Verhaltens thematisiert werden und mögliche Gründe dafür aufgedeckt werden können.

Eltern sollten die Situation nicht vorschnell interpretieren. Zunächst sollte herausgefunden werden, wie und wodurch das Kind schikaniert wird, durch welchen Personenkreis dies geschieht und ob ein Kräfteungleichgewicht herrscht. Handelt es sich um eine ganze Clique, die Franziska schikaniert und ihr physisch und psychisch zusetzt, oder kann sie es mit Einzelnen aufnehmen? Wie stark ist der Grad ihrer Bedrängnis? Wie groß ist die Enttäuschung bezüglich der Fehleinschätzung der Freundschaft? Befindet sich Franziska in einer Spirale des Drangsaliertwerdens und der Schikane?

Es ist wichtig, Klarheit über diese Dinge zu erhalten und das Kind zu ermutigen, selbst Einschätzungen vorzunehmen und die Situation im geschützten Raum des Elternhauses zu analysieren. Das hilft zur weiteren selbstständigeren Beurteilung der Lage. Zu jeder Zeit sollte das Kind spüren, dass die Eltern hinter ihm stehen und keine Schuldzuweisungen machen. Darauf zu verzichten, schnelle Interpretationen zu liefern, ist eine wichtige Voraussetzung für ein ermutigendes Gespräch. Die Fragen offen zu stellen, zum Beispiel »Womit können wir dir im Moment Hilfe anbieten?«, entlastet das Kind.

Nachfragen kann bereits erfolgte Einschätzungen bestätigen. So kann Franziskas Mutter durch Nachfragen klären, wie sehr Franziska von dem Geschehen betroffen ist. Sie kann ihr signalisieren, dass sie bei ihr ist und die Situation mit ihrer Tochter gemeinsam trägt.

Mittragen ist das Schwierige, vor allem wenn es um eine unerträgliche Situation geht und Eltern am liebsten sofort eingreifen würden. Mittragen bedeutet, die Situation als solche ernst nehmen, teilhaben am Leiden des Kindes, ohne jedoch still und passiv zu erdulden, was dem Kind von außen angetan wird. Mittragen bedeutet, einen Weg gemeinsam zu gehen, der Mühe kostet und gewisse geplante und durchdachte Handlungsschritte erforderlich macht.

Vorschnelle Lösungen verunsichern das Kind und stülpen ihm etwas über, was nicht zu ihm passt und zu Handlungsunsicherheit führt. Die gemeinsame Suche nach passenden Lösungen und das Coaching der Eltern im Hintergrund vermögen dem Kind die Rückendeckung zu geben, die es in seinem individuellen Fall benötigt. Franziska musste offenbar Erfahrungen mit Freundschaften machen, die sie tief enttäuschten. Nun kommt es aber darauf an, diese Erfahrungen in positivem Sinne in Franziskas Lebenserfahrungen zu integrieren.

Es macht einen entscheidenden Unterschied für die weitere Entwicklung des kindlichen Selbstwertgefühls, ob man unangenehme Erfahrungen zulässt und sie als Teil des Lebens betrachtet oder ob man versucht, sie unverarbeitet möglichst schnell vom Tisch zu wischen. Die Herangehensweise entscheidet darüber, ob Franziska gestärkt aus ihrer negativen Erfahrung hervorgeht. Erlebt sie, dass sie für sich Lösungen gefunden hat und einen Handlungsspielraum besitzt, oder fühlt sie sich in ihrer Passivität den Umständen gegenüber ausgeliefert und wie gelähmt?

Franziskas Eltern haben ihr geholfen, eine für sie annehmbare Lösung zu finden. Sie haben Franziska »gecoacht«, indem sie die Themen Freundschaft und Konfliktlösung mit ihr besprochen haben und ihr Mut machten, das Mädchen, die ehemalige Freundin, mit ihrer Verhaltensweise zu konfrontieren.

In der konkreten Umsetzung dessen, was mit den Eltern durchgesprochen wurde, stellte sich heraus, dass die ehemalige Freundin der Konfrontation nicht standhalten konnte. Franziska fragte Sarah direkt, weshalb sie ihr nicht offen gesagt hätte, dass sie Franziskas Freundschaft als »zu eng« empfand, anstatt Stimmung in der Klasse gegen sie zu machen. Sarah wandte sich verschämt ab und ließ Franziska stehen.

Felix – Die eigene Leistung fälschen

Felix, ein sehr sportlich wirkender, wortgewandter 12-jähriger Junge, kam auf Veranlassung seines Mathematiklehrers in die schulpsychologische Beratung. Seine Mutter hatte im Vorfeld bereits einen Telefontermin vereinbart, bei dem deutlich geworden war, dass Felix in den meisten Fächern seit etwa drei Monaten gravierende Leistungsdefizite hatte und eventuell die siebte Klasse nicht schaffen werde. Zum Gespräch brachte die Mutter sämtliche Zeugnisse mit, aus denen hervorging, dass Felix ein sehr leistungsorientierter Junge mit einer extrem hohen Motivation war, der in allen Fächern sehr gute bis gute Noten hatte. Außerdem berichtete die Mutter von einem kognitiven Leistungstest, den ihr Sohn zu Beginn der dritten Klasse Grundschule gemacht hatte. Dabei habe er extrem hohe Werte erzielt und sei als hochbegabt eingestuft worden. Er habe die dritte Klasse überspringen können und sei fachlich dennoch mühelos mitgekommen. Auch den Wechsel ans Gymnasium habe er mit einem Schnitt von 1,0 hervorragend geschafft. In der fünften und sechsten Klasse habe er sich sehr leichtgetan, er sei stets der Klassenbeste gewesen. Alle in der Familie seien sehr stolz auf ihn. Man könne sich den derzeitigen Leistungsabfall überhaupt nicht erklären, insbesondere in Mathematik schreibe er in den Schulaufgaben nur noch Sechser, bei der letzten Stegreifaufgabe habe er ein leeres Blatt abgegeben. Weder der Mathematiklehrer noch der Beratungslehrer, den man zu Rate gezogen hatte, konnte diesbezüglich eine Erklärung abgeben. Der sonst so eloquente Junge habe geschwiegen, lediglich mit den Achseln gezuckt. Man wolle Felix helfen, wisse momentan aber nicht mehr weiter.

Teilnahmslos saß Felix auch beim Gespräch mit der Schulpsychologin neben seiner Mutter, hielt kaum Blickkontakt und wirkte eingeschüchtert. Bei der Durchsicht der Unterlagen, zum Beispiel der Mathematikschulaufgaben fiel auf, dass Felix manche Aufgaben gar nicht bearbeitet hatte und bei komplexen Lösungsansätzen merkwürdigerweise grobe Fehler in den Grundrechenarten machte. Wie konnte sich so ein rapider Leistungsabfall von Note eins auf sechs erklären? Zunächst wurden bei Felix diagnostische Verfahren angewandt, um seine kognitiven Fähigkeiten insgesamt abzuklären, die sehr wohl im Bereich der Hochbegabung lagen. Auch Tests zur Überprüfung von Konzentrationsstörungen ergaben keinen Befund. Alles war offensichtlich in Ordnung.

Allerdings waren Auffälligkeiten in Fragebögen zur Lern- und Leistungsmotivation zu verzeichnen, insbesondere eine hohe Schulunlust und Vermeidungsstrategien, die dazu von Felix entwickelt wurden. Unabhängig von seinem Leistungsstand berichtete die Klassenleiterin, Felix sei überhaupt nicht in die Klasse integriert und sitze mittlerweile auch an einem Einzeltisch. Auch bei Gruppenarbeiten würde er in letzter Zeit vermehrt den Wunsch äußern, alleine zu arbeiten. In der Pause werde er ebenfalls meist alleine gesehen. Andererseits sei Felix aber intellektuell sehr weit entwickelt und würde Antworten geben, die weit über sein Alter hinausgehen. Bezogen auf die jüngere Altersgruppe seiner Klasse wirkten sie gelegentlich altklug und würden von Mitschülern belächelt werden. Bei der Herausgabe der letzten Deutschschulaufgaben habe sich Felix vehement gewehrt, seine Arbeit vorzulesen, obwohl er wieder mit Abstand der Beste gewesen sei. Die Klassenlehrerin habe auch den Eindruck, wenn Felix vor der Klasse für seine

Leistung gelobt werde, würden die Mitschüler über ihn tuscheln.

Bezüglich des Sozialverhaltens von Felix waren das sehr wertvolle Hinweise, die in der Beratung aufgegriffen wurden. Auch die Eltern erzählten, Felix würde sich am liebsten zu Hause aufhalten, habe keinen Freundeskreis und säße stundenlang am Computer. Noch bis vor einem Jahr sei er sehr aktiv im Fußballverein gewesen, jetzt habe er aber keine Lust mehr dazu. Sämtliche Versuche, ihm eine andere Sportart schmackhaft zu machen, waren bisher gescheitert.

Natürlich stellt sich die Frage, was zu dieser Resignation geführt hat. Zunächst wurden regelmäßige Beratungstermine mit Felix ausgemacht. Er erzählte von seiner Familie, seinen beiden jüngeren Schwestern, mit denen er sich gut verstand, seinen beiden Meerschweinchen und seinem großen Wunsch, einen Hund zu bekommen. Die Schule wurde anfangs bei allen Gesprächen ausgeklammert. Als sich allmählich Vertrauen zur Schulpsychologin aufgebaut hatte, begann er zaghaft zu erzählen, wie sehr er sich wünschen würde, in der Klasse Freunde zu haben. Es gäbe einige Cliquen, er gehöre aber nirgends dazu. Er sei bisher in jeder Klasse eher ein Außenseiter gewesen. So schlimm wie jetzt in dieser siebten Klasse sei es aber noch nie gewesen!

Felix »hilft« sich selbst

Er habe von Anfang an bereitwillig die Mitschüler, die ihn darum baten, in Mathematik die Hausaufgaben abschreiben lassen. Anschließend wäre er aber von ihnen als Streber beschimpft worden. Man hatte sich darüber lustig gemacht, dass er immer alles perfekt und vollständig hatte. Er wolle sich nur bei den Lehrern beliebt machen. Auch sei er ausgelacht worden, wenn er seine Meinung im Unterricht äußerte. Viele hätten das, was er sagte, nicht verstanden und sich nur darüber lustig gemacht. Er habe die ständigen Sticheleien, er sei ein »Superhirn«, ein »ewiger Besserwisser« nicht mehr ausgehalten. Häufig seien auch Zettel im Umlauf gewesen, auf denen ihn die Klassenkameraden beschimpft und beleidigt hätten. Dabei wolle er doch einfach so wie alle anderen sein und endlich dazugehören. Sein größter Wunsch sei es, von der Klasse akzeptiert zu werden.

Allmählich wurde deutlich, dass Felix seine negative Leistungsbilanz bewusst herbeigeführt hatte, um endlich Anerkennung in der Klasse zu bekommen. Er wollte sein Image als Streber ablegen und hatte gehofft, dies durch schlechte Noten zu erreichen. Anfangs sei es ihm durchaus schwergefallen, absichtlich Leichtsinnsfehler in seine Arbeiten zu machen, aber er habe sich mittlerweile daran gewöhnt. Auch leere Blätter bei Klassenarbeiten abzugeben fände er jetzt ganz lustig.

Nun merke er aber seit einiger Zeit, dass sein Plan nicht aufgehe. Seine Mitschüler würden zwar wahrnehmen, dass er in Mathematik nur noch sehr schlechte Noten habe, aber ihr Verhalten ihm gegenüber habe sich nicht verändert. Nach wie vor gelte er als der Streber! Nun wisse er tatsächlich nicht mehr, was er machen solle. Das Schuljahr würde er doch gerne noch schaffen. Dazu bräuchte er in der nächsten Schulaufgabe eine Eins, was seiner Meinung nach machbar sei.

Da hatte sich dieser Junge nun endlich offenbart. Wie unendlich belastend mussten die ewigen Sticheleien und Anschuldigungen seiner Mitschüler gewesen sein! Um Anerkennung zu finden, riskierte er sogar die Wiederholung der Klasse.

Auch Hochbegabte brauchen Förderung

In der Beratung musste zunächst das Selbstwertgefühl von Felix aufgebaut werden. Durch seine Hochbegabung war er den meisten seiner Mitschüler um Längen voraus. Dieses Leistungspotenzial galt es zu nutzen. Im Gespräch mit den Lehrkräften und der Schulleitung überlegte man, wie der Junge in ein Förderprogramm für die Fünftklässler eingebunden werden konnte, insbesondere in Mathematik und Latein. Felix sollte Spaß daran haben, sein Wissen an jüngere Schüler weiterzugeben, ihre Fragen zu beantworten und am Computer Übungsmaterial für sie zu erstellen. Felix war von dieser Idee sofort begeistert und übernahm einmal pro Woche am Nachmittag eine Gruppe von fünf Schülern. Um sein eigenes Wissen zu vertiefen und neue Anregungen zu bekommen, wurde versucht, ihm die Teilnahme an einem wissenschaftlichen Projekt der nahegelegenen Universität zu ermöglichen, dass für begabte Schüler in der Ferienzeit angeboten wurde.

In Felix' Klasse wurde ein Soziogramm erstellt, aus dem eindeutig hervorging, dass Felix der Außenseiter war, der von den meisten ausgegrenzt wurde. Ein Soziogramm ist die grafische Darstellung der Beziehungen in einer Gruppe. Ausgehend von Daten einer sogenannten soziometrischen Erhebung werden in der Darstellung Beziehungen durch verschiedene Pfeile symbolisiert. In einer Schulklasse kann die Erhebung durch Fragen wie »Neben wem möchtest du gerne sitzen?« oder »Wen aus der Klasse möchtest du gerne zu deiner Geburtstagsfeier einladen?« schriftlich durchgeführt werden. Die grafische Darstellung ergibt dann einen anschaulichen Überblick. Beispielsweise werden Außenseiter sofort erkennbar, da auf sie nur wenige oder gar keine Pfeile gerichtet sind. Lehrer und Beratungsfachkräfte können aus diesen Daten wichtige Rückschlüsse auf den Zusammenhalt einer Klasse ziehen und gegebenenfalls korrigierend eingreifen.

Auch in diesem Fall wurde mit der Klasse über die Auswertung dieses Testverfahrens gesprochen. Gemeinsam erarbeitete man Lösungsmöglichkeiten für die Integration von Felix. Insgesamt war die Klasse doch sehr betroffen zu hören, welche Schritte der Junge unternommen hatte, um endlich von ihnen anerkannt zu werden. Auch wurde über das Thema Hochbegabung gesprochen, um die Klasse für manche Verhaltensweisen von Felix zu sensibilisieren. Außerdem wurde mit der ganzen Klasse und einigen Lehrkräften ein gemeinsamer Ausflug mit Spielen, Lagerfeuer und Übernachtung im Zelt ausgearbeitet. Jeder in der Klasse musste dazu seinen Beitrag leisten und etwas vorbereiten.

Bei diesen Maßnahmen ging es um das Vermitteln von Einsichten, das Nachdenken über das eigene Verhalten und damit das Aufbrechen von eingefahrenen Verhaltensstrukturen. Gruppendynamische Aktionen waren wichtig, um die Gemeinschaft innerhalb der Klasse zu entwickeln. Dabei ging es in erster Linie um das Zusammengehörigkeitsgefühl, das bisher durch die Cliquenbildung weitgehend blockiert wurde.

Das Anbieten eines Klassenelternabends ist sinnvoll, um den Eltern die schulischen Interventionen klarzumachen. Auch sollten die Eltern Gelegenheit haben, sich zum Thema Werteerziehung auszutauschen. Für Felix selbst überlegte man sich eine Reihe von Aufgaben, die er übernehmen konnte, um ihn aus seiner Passivität zu lösen und die Zeit, die er vor dem Computer verbrachte, einzuschränken. Felix konnte sich spontan für Taekwondo begeistern, eine Sportart, die ihn schon früher gereizt hatte. Für die Sommerferien wurde eine Sprachreise nach England geplant, ebenfalls mit dem Ziel, Felix mit jungen Leuten zusammenzubringen und ihm Wissensanreize zu vermitteln.

Dieser Fall zeigt auf, wie entscheidend es ist, dass Eltern für ihre Kindern eine gute Vertrauensbasis schaffen. Selbst wenn in der Pubertät manche Dinge schwierig werden und Eltern diese Zeit stets als eine Herausforderung an ihre Erziehungsaufgabe und Verantwortung sehen, so ist es dennoch immens wichtig, für die Kinder Ansprechpartner zu bleiben, Geduld zu bewahren und ihnen zur Seite zu stehen, wenn es erforderlich scheint. Im Fall von Felix hätte der Junge keine Chance gehabt, sich aus diesem Gewirr von Mobbingattacken zu lösen, zu sehr hatte er sich mit seinen negativen Reaktionen darin verstrickt. Das können Kinder alleine nicht lösen!

Auch wenn Eltern manchmal der Meinung sind, es bräuchte keine Einmischung in die Angelegenheiten ihrer Kinder, diese sollten das selbst klären, muss man die Balance finden, wie weit dennoch Unterstützung erforderlich ist. Selbst wenn Kinder auf elterliche Hilfe zunächst eher abweisend reagieren, sind sie im Endeffekt doch dankbar, dass man sich um sie kümmert. Bei Mobbingfällen sind Eltern in all ihrer Unterstützungsmöglichkeit aufgerufen, ihrem Kind zu helfen und sich rechtzeitig an die Schule und die Beratungseinrichtungen zu wenden. Durch das genaue Hinsehen und Hinhören von außen lassen sich die Strukturen von Mobbing erkennen. Oftmals ist es aber ein langwieriger Prozess, bis alles offenkundig ist und man gemeinsam mit den Beteiligten Lösungsstrategien entwickeln kann. Dennoch lohnt es sich: Es wäre ein Verlust für alle, wenn begabte Kinder durch Mobbing ihrer Lern- und Arbeitsfreude beraubt würden.

Still, stumm, ausgegrenzt

Vom stummen Zuschauer zum Mobbingopfer: Marcel

In diesem Fall soll aufgezeigt werden, wie schwer es Kinder im Klassenverband haben, die introvertiert, zurückgezogen und sehr auf sich selbst fixiert wirken. Marcel ist ein solcher Junge. Er fühlte sich in der fünften und sechsten Klasse so unwohl, dass er schließlich die Schule wechselte. Er spürte förmlich die Ablehnung, das Getuschel hinter seinem Rücken, die Störaktionen in der Klasse, wenn er aufgerufen wurde, seine vorbildlichen Aufsätze vorzulesen. Marcel kann sich schriftsprachlich hervorragend ausdrücken, hat aber Schwierigkeiten, mit den Mitschülern ins Gespräch zu kommen. Er verhielt sich eher abwartend, ruhig und reagierte lieber, als selbst aktiv auf andere zuzugehen. Das verstanden andere Schüler nicht und machten sich mit der Zeit über diesen »seltsamen« Jungen lustig. Auch an diesem Beispiel fällt wieder auf, dass derjenige leicht zum Opfer wird, der irgendwie anders als die anderen ist. Wenn dieser zumindest am Anfang schleichende Ausgrenzungsprozess nicht rechtzeitig von den Lehrern gestoppt wird, setzt er sich gnadenlos fort. Er führt sogar wie in diesem Fall so weit, dass das Opfer die gewohnte soziale Umgebung verlassen musste. Das verlangt natürlich von den Lehrern aufmerksame Präsenz im Unterricht. Trotzdem geht vieles an den Lehrern vorbei, weil die Störaktionen auch und gerade in den Zwischenpausen vor und nach der Schule stattfinden. Die Unterrichtszeit wird von den Mobbern häufig gezielt ausgespart. Man will sich ja schließlich nicht erwischen lassen! In Marcels Fall haben die Lehrer die gezielten Störaktionen entweder nicht mitbekommen oder sie sind nicht eingeschritten.

Ausgrenzung im Keim ersticken

An dieser Stelle ein Appell an die Lehrkräfte: Unterbinden Sie Unterrichtsstörungen – sie setzen sich fort, wenn von Lehrerseite kein eindeutiges Signal erfolgt. Was am Anfang noch möglich ist, nämlich Störenfrieden zu signalisieren »Ab hier ist Schluss!«, gelingt später nicht mehr. Das Dulden von Störungen interpretieren die Schüler als einen stillen Impuls, weitermachen zu dürfen. Da sich in Marcels Fall nichts zu seinem Vorteil änderte und niemand gegen die gezielten Attacken einschritt, entschloss sich der Schüler zu einem Schulwechsel.

In der neuen Schule fühlte sich Marcel nach anfänglichen Eingewöhnungsschwierigkeiten wohl. Die Schulleitung unterstützte seine Bereitschaft über seine Mobbingerlebnisse an der alten Schule zu berichten. Marcel war natürlich am Anfang in der neuen Schule recht zurückhaltend und abwartend, er wusste ja nicht, was denn jetzt auf ihn zukäme. Damit sich die Ausgrenzung nicht wiederholen konnte, entschloss sich Marcel, angespornt durch die Eltern und die Schulleitung, über seine negativen Erfahrungen zu sprechen. Ein mutiger Schritt! Seine Offenheit belohnte die Klasse mit Verständnis, er gewann sogar Freunde.

Wie konnten die Eltern in diesem Fall helfen? Sie standen immer sehr hinter Marcel, unterstützten ihn und suchten den Kontakt mit der Schule. Sie waren selbst sehr offen und kooperativ. Den Eltern war daran gelegen, dass Marcel einen Neubeginn starten konnte. Sie konnten nicht mehr zusehen, wie sehr ihr Sohn in der alten Schule litt. Die Eltern unterstützten Marcel, indem sie ihn ernst nahmen, ihm die Schikanen in der Schule glaubten und einen Weg suchten, dieser misslichen Situation rechtzeitig zu entkommen. Wenn Marcel nämlich weiterhin ungeschützt dieser Mobbingsituation ausgeliefert gewesen wäre, hätten sein Selbstbewusstsein und sein Selbstvertrauen darunter gelitten. Eltern haben die wichtige Aufgabe, genau auf die verbalen und vor allem auf die nonverbalen Signale ihrer Kinder zu achten. Eltern kennen ihr Kind am besten. Verdrängen, Aufschieben, Bagatellisieren und Vertrösten sind zwar kurzfristig schnelle Scheinlösungen. Das Problem, in diesem Fall die Mobbingsituation, bleibt aber bestehen und schadet dem Kind immer mehr. Im schlimmsten Fall kann es zu einer Schulverweigerung führen.

Marcels Geschichte ist ein schönes Beispiel dafür, wie sich nach einem missglückten Start durch rechtzeitige Intervention, nämlich der örtlichen Veränderung, doch noch eine erfolgreiche Schulkarriere erzielen lässt.

In fast allen Schularten wird mittlerweile eine Fahrt ins Schullandheim durchgeführt. In weiterführenden Schulen ist es oftmals eine Woche, in der fünfte oder sechste Klassen gemeinsam wegfahren. Wochenlang vorher schon wird geplant, werden Aktivitäten, Wanderungen, gruppendynamische Spiele, Pizzabacken, Nachtwanderungen, bunte Abende und dergleichen vorbereitet. Zu diesen Vorbereitungen gehört oft auch eine Wunschliste, auf der die Zimmereinteilung festgelegt wird. Oftmals überlassen es Klassenlehrer den Schülern selbst, diese Liste zu erstellen, was in der Regel ganz gut klappt. Schwierig wird es nur dann, wenn ein Kind aus der Klasse noch keinen Platz in einem Zimmer gefunden hat beziehungsweise nicht gefragt wurde, ob es mit einer Gruppe das Zimmer teilen möchte.

Der Fall Monika fängt eigentlich in aller Deutlichkeit erst im Schullandheim an. Die sechsten Klassen freuten sich sehr darauf, eine Woche lang gemeinsam mit zwei Lehrkräften wegzufahren. Die Zimmereinteilung hatten sie selbstständig vorgenommen. Ein Mädchen, Monika, war am Schluss noch von der Klassenleiterin einem Vier-Bett-Zimmer zugeteilt worden, nachdem sie längere Zeit krank gewesen war und den Unterricht erst wenige Tage vor dem Schullandheim wieder besuchen konnte.

Im Vorfeld hatte es bereits zahlreiche Gespräche der Fachlehrkräfte mit den Eltern von Monika gegeben. Anlass dafür waren die Beobachtungen der Lehrer, dass Monika in der Klasse keinen Anschluss fand und in den

Pausen oftmals alleine gesehen wurde. Sie flüchtete sich meistens auf die Toilette, bis die Pause vorbei war, um nicht allein herumstehen zu müssen. Im Sportunterricht und bei Gruppenarbeiten im Fachunterricht fand sie keinen Anschluss. Sie musste abwarten, bis sie von der Lehrkraft einer Gruppe zugeteilt wurde. Oftmals signalisierte Monika auch, dass sie gerne alleine arbeiten wolle. Hintergrund dafür waren die unschönen Kommentare einzelner Gruppenmitglieder, wenn Monika zugeteilt wurde. Dem mochte sich das Mädchen nicht mehr aussetzen und versuchte, die Situation weitgehend zu vermeiden.

Dazu kam auch, dass sie sich immer mehr zurückzog und verschloss. Auf die Lehrkräfte wirkte sie oft abwesend, unkonzentriert und traurig. Selten lachte sie. Leistungsschwankungen waren auffällig. Bezüglich des Aufenthalts im Schullandheim besprachen sich Monikas Eltern und ihre Lehrer. Sie vereinbarten, dass es für Monika durchaus wichtig sei, mit ins Schullandheim zu fahren, um eine weitere Ausgrenzung zu vermeiden. Man sah den Aufenthalt im Schullandheim als Chance, soziale Kompetenzen zu erlernen.

Monika hatte bis zum Schluss gehofft, nicht ins Schullandheim mitfahren zu müssen. Sie hatte Angst vor den Verbalattacken ihrer Mitschüler, auch davor, körperlichen Attacken ausgesetzt zu sein. Monika war von niemandem aus der Klasse eingeladen worden, im selben Zimmer zu schlafen. Wo sollte sie also hin? Mit wem könnte sie es sich vorstellen, das Zimmer zu teilen? Das waren sehr komplizierte Fragen, auf die sie keine Antwort finden konnte. Mit somatischen Beschwerden wie Bauchschmerzen, Übelkeit, Erbrechen und Kopfschmerzen reagierte ihr Körper einige Tage vor der Fahrt ins Schullandheim, so dass sie durch das Fehlen in der Schule auch die Schlussbesprechungen und die Listeneintragungen verpasste.

Ihre Vermeidungsstrategien zeigten bei den Eltern wie auch bei der Klassenleitung keinen Erfolg. Sie musste mitfahren. Monika fühlte sich ohnmächtig gegenüber der Entscheidung ihrer Eltern, die im guten Glauben, sie würde in dieser Woche Anschluss an die Klasse finden, gehandelt hatten. Auch die Klassenleiterin erhoffte sich eine Verbesserung für Monika. Sie fürchtete eine weitere Ausgrenzung des Mädchens, falls dieses nicht an der Klassenfahrt teilnehmen würde. Beides wurde mit Monika selbst nicht besprochen, ihr wurde lediglich die Entscheidung mitgeteilt, mit dem Argument, es sei für sie sicherlich das Beste.

So fühlte sich Monika der Situation regelrecht ausgeliefert und versuchte bereits bei der Busfahrt ins Schullandheim angestrengt, ihren Mitschülern nicht negativ aufzufallen. Während sich die meisten in der Klasse unterhielten oder gemeinsam Musik hörten, saß Monika alleine im Bus. Niemand hatte sich zu ihr gesetzt, und so gab sie vor zu lesen. Man ließ sie zwar in Ruhe, aber eigentlich wurde sie komplett ignoriert.

Bald nach der Ankunft im Schullandheim durften die Kinder ihre Zimmer beziehen. Während die meisten Kinder fröhlich in ihre Schlafräume stürmten, trottete Monika mit ihrem Gepäck in das ihr zugeteilte Zimmer und wartete dort, welches Stockbett für sie frei blieb. Die anderen Mädchen führten untereinander lautstark die Diskussion, wie unangenehm es doch sei, nicht unter sich zu sein, sondern Monika mit im Zimmer zu haben, sie ertragen zu müssen. Verbale Attacken folgten, auf die Monika aber ebenso wenig reagierte. Stumm packte sie ihre Sachen aus und legte sie ordentlich in den Schrank. Sie kämpfte mit den Tränen, wollte nach außen aber stark sein. Der Gang zum Mittagessen erlöste sie aus dieser beklemmenden Situation. Das Essen, Spaghetti mit Tomatensoße, eigentlich ihr Lieblingsgericht, wollte ihr nicht schmecken. Sie fühlte sich unwohl, spürte, dass die Bauchschmerzen wiederkamen, wollte sich aber den Lehrkräften nicht anvertrauen.

Das Freizeitprogramm, eine Wanderung ins Nachbardorf, den Besuch des Kleintierzoos, alles machte sie mit, ohne dass sich irgendjemand um sie kümmerte. Erst am Abend fragte sie ihre Klassenlehrerin, ob alles in Ordnung sei, was Monika bejahte. Sie konnte und wollte sich nicht offenbaren.

Die ganze Sache eskalierte in der Nacht, als Monika schlafen wollte und die drei Zimmergenossinnen sie permanent attackierten. Sie behaupteten, sie würde schnarchen, sie stinke etc. Als die Attacken nicht aufhörten, ein Mädchen sie immer wieder in den Rücken trat, schrie Monika, sie wolle endlich in Ruhe gelassen werden, sie tue doch niemandem etwas. Die Reaktion darauf war nur schallendes Gelächter.

Daraufhin nahm Monika ihr Bettzeug und warf es vor die Türe, holte die Matratze aus dem Stockbett und

schleifte sie auf den Gang, wo sie versuchte weiterzu-
schlafen. Bis nach draußen hörte man das Lachen der
anderen Mädchen. Fast wäre diese Situation unbemerkt
geblieben, wäre nicht ein Mädchen aus dem Nachbar-
zimmer zur Toilette gegangen und fast über Monikas
Bettenlager im Gang gestolpert. Als dieses Mädchen
merkte, dass Monika heftig weinte, lief sie zum Zimmer
der Klassenlehrerin und verständigte diese. Monika war
nicht in der Lage zu erklären, warum sie auf dem Gang
schlafe, willigte aber ein, als die Klassenlehrerin ihr das
Angebot machte, ein freies Einzelzimmer zu organisie-
ren, damit sie dort schlafen könne. Man wolle alles erst
am nächsten Morgen besprechen. Noch vor dem Früh-
stück suchte die Klassenlehrerin das Gespräch mit Monika, der es ziemlich peinlich war, in einem Einzelzimmer
übernachtet zu haben. Stockend und vorsichtig versuchte
sie zu erklären, was in der Nacht passiert war und wie
sehr die anderen Kinder versucht hatten, sie aus dem
Zimmer zu drängen, bis sie sich schließlich freiwillig auf
den Gang gelegt hatte. Weinend beteuerte sie, dass sie
nun nach Hause wolle, sie halte es im Schullandheim
nicht mehr aus und wolle den Mädchen aus ihrer Zim-
mergruppe nicht mehr begegnen. Sie schäme sich für ihr
Verhalten.

Da es der Klassenlehrerin aber zunächst wichtig erschien, den Fall aufzuklären, wie sie es formulierte, bat
sie die beteiligten Mädchen zu einem Gespräch, ohne
Monika selbstverständlich. Die Mädchen reagierten zunächst sehr erstaunt über das, was ihnen die Lehrerin
über den Vorfall am Abend berichtete. Irgendwie ent-

stand der Eindruck, sie wären an der Sache nicht beteiligt gewesen. Alles sei völlig harmlos gewesen, man habe nur einen kleinen Scherz gemacht, aber Monika sei eben sehr empfindlich und würde immer gleich beleidigt reagieren. Sie seien überrascht gewesen, als Monika ihre Matratze auf den Gang legte, hätten sie aber auch nicht daran gehindert.

Das klang nicht danach, als ob die mobbenden Mädchen ein Unrechtsbewusstsein verspürten, im Gegenteil, sie versuchten sich herauszureden und Monika als »Sensibelchen« darzustellen. Von einer Reflexion der eigenen Handlungsweise gab es keine Spur. Sie glaubten doch tatsächlich, Monika habe sie durch ihr Verhalten so provoziert, dass sie keine andere Möglichkeit mehr gehabt hätten. Es ist interessant, wie sich die Rollen plötzlich umkehren. Nun wird aus dem Mobbingopfer scheinbar diejenige, die andere herausfordert. Dabei stellt sich natürlich die Frage, ob sich die Mobber geschickt aus der Affäre ziehen wollen oder tatsächlich glauben, sie hätten richtig gehandelt. Die Klassenlehrerin schlug vor, ein klärendes Gespräch mit allen Beteiligten, also auch im Beisein von Monika zu führen. Die mobbenden Mädchen signalisierten der Lehrerin, dass sie dieses Gespräch eigentlich für überflüssig hielten, da Monika eben so sei und sie nicht mit ihr befreundet sein wollten. Man könne ja schließlich nicht mit jedem freundschaftlich verbunden sein.

An diesen Aussagen wurde klar, wie wenig sie die Problematik verstanden hatten. Monika mochte nicht an dem Gespräch teilnehmen, denn sie fühle sich nicht wohl, ihr sei übel und eigentlich würde sie sich gerne von ihrer Mutter abholen lassen. Die Klassenlehrerin, die befürchtete, Monikas Beschwerden könnten noch weiter zunehmen, telefonierte mit der Mutter, um die Sachlage zu besprechen. Die Mutter wollte eine weitere Eskalation verhindern und war deshalb bereit, Monika vom Schullandheim abzuholen.

Integration gescheitert?

Soweit die Falldarstellung. Da drängt sich nun natürlich eine Reihe von Fragen auf. Wie konnte es dazu kommen, ein Kind trotz der bekannten Problematik ins Schullandheim mitzunehmen, um es dann bereits nach einem Tag wieder nach Hause zu schicken? Welche Interventionen hätte es im Vorfeld dazu geben müssen?

Der Fall zeigt letztlich ja eine typische Situation im Zusammenhang mit Mobbing auf. Alle beteiligten Verantwortlichen, Lehrkräfte wie Eltern, handeln im guten Glauben daran, dass sich die belastende Situation in veränderter Umgebung entspannen würde und sich so eine weitere Ausgrenzung verhindern lasse. Theoretisch könnte das sehr wohl funktionieren, es ist aber an der eigentlichen Problematik und an Monika völlig vorbeigedacht. Eine gemeinsame Strategie für alle Beteiligten kann erst sehr spät entwickelt werden, nach Monikas gescheitertem Integrationsversuch im Schullandheim. Erst zu diesem Zeitpunkt ist die Mutter bereit, auf den Rat der Klassenleiterin hin schulpsychologische Unterstützung in Anspruch zu nehmen. Aus den anschließenden Gesprächen mit den Eltern, Monika selbst und ihren

Lehrkräften, aber auch mithilfe diagnostischer Verfahren wie Fragebögen und Tests, ergibt sich das deutliche Bild eines immensen Leidensdrucks eines 11-jährigen Kindes.

Eine bedeutende Rolle spielt dabei, nicht rechtzeitig Unterstützungssysteme für Monika aufgebaut zu haben. Von Anfang an, also bereits im Kindergarten, wurde das Kind ausgegrenzt. Mit ihrer schüchternen, zurückhaltenden Art und ihrer großen Anpassungsfähigkeit fiel Monika nirgends unangenehm auf, ganz im Gegenteil! Das Mädchen handelte ganz im Sinne von sozialer Norm, das heißt, sie tat das, was andere, also ihre Eltern, Erzieher, Lehrer und Freunde von ihr erwarteten. Ihre eigenen Bedürfnisse stellte sie hintan. Dieses Verhalten konnte in der Beratung an Beispielen der letzten Jahre transparent und damit einsichtig gemacht werden.

Zunächst musste man überlegen, wie man Monikas Selbstwertgefühl aufbauen könnte, damit sie lernen würde, eigene Bedürfnisse und Gefühle einerseits wahrzunehmen und andererseits auch mitzuteilen. Um diese Handlungskompetenzen zu lernen, bietet sich zum Beispiel ein Selbstsicherheitstraining an, aber auch diverse Sportarten, eventuell eine Kampfsportart. Es geht darum, vertrauensbildende Maßnahmen aufzubauen. Das Mädchen hatte bereits in der Grundschule Enttäuschungen mit Freundinnen erlebt und war im Umgang mit anderen Kindern deswegen sehr vorsichtig geworden. Oftmals entstehen diese Erfahrungen durch sogenannte Dreiecks-Freundschaften. Kommt bei einer Freundschaft plötzlich ein drittes Kind hinzu, wird die bestehende Zweierkonstellation aufgehoben. Meist bleibt dabei in kürzester Zeit ein Kind alleine und wird aus der Neukonstellation hinausgemobbt. Alles, was dieses Kind in eine bestehende Freundschaft gesetzt hat, ist damit aufgehoben. Es erlebt einen großen Vertrauensverlust, der in vielen Fällen das unbefangene Aufeinanderzugehen bei Kindern regelrecht blockiert. Kinder, die so etwas erlebt haben, ziehen sich häufig zurück. Sie sind der Meinung, etwas falsch gemacht zu haben, weil die beste Freundin sie im Stich gelassen hat. Dieses Gefühl untergräbt ihr Selbstvertrauen und löst nicht selten Angst vor neuen Freundschaften aus. Gelegentlich führt solch ein Frustrationserlebnis auch dazu, dass Kinder in Freundschaften immens klammern, aus Angst, sie zu verlieren. Die Freundinnen werden damit sehr unter Druck gesetzt.

Rückzug in die stumme Isolation

Monika wählte die Strategie des kompletten Rückzugs. Die erlebten Enttäuschungen waren so groß, dass das Mädchen keinerlei Freundschaften mehr eingehen konnte. Damit erhöhte sich allerdings auch der Stellenwert von Freundschaft, verbunden mit einer übersteigerten Erwartungshaltung.

Ein weiterer Schritt in der schulpsychologischen Beratung ist deshalb auch das Aufbauen und Trainieren sozialer Kompetenzen. Für Eltern ist es manchmal schwierig nachzuempfinden, wie schwerwiegend sich Frustrationserlebnisse und Vertrauensverlust in Bezug auf Freundschaften auswirken und vor allem jahrelange Entwicklungsprozesse lähmen können. Der elterliche

Ratschlag, das Kind müsse nur mutig und offen auf andere zugehen, dann würde es mit einer »besten Freundin« auch ganz schnell wieder klappen, ist zwar gut gemeint, kann aber von Kindern und Jugendlichen mit negativen Erfahrungen leider nicht ohne Weiteres umgesetzt werden. Eltern sollten sich durchaus Hilfe von außen holen, wenn sie merken, dass sich Kinder sehr zurückziehen und wenig Interesse zeigen, soziale Kontakte aufzubauen.

Die Isolation im Klassenverbund lösen

Zurück zum Fall Monika. Auch hier muss die Mobbingsituation auf mehreren Ebenen aufgearbeitet werden. Nicht nur die Mobber, sondern die ganze Klasse ist gefordert, soziale Kompetenzen und damit die Bedeutung von Gemeinschaft zu erlernen. Das Fehlverhalten muss einsichtig werden! Die Schüler sollten erkennen, was ihre Handlungsweise bewirkt hat. Auch in diesem Fall gab es eine Reihe von Mitläufern, eine schweigende Mehrheit, die die Mobbingattacken widerspruchslos zugelassen hat. Gezielte Aufklärung zu Mobbing, Aufzeigen von Handlungsalternativen, Zivilcourage zeigen, sich vor das Mobbingopfer stellen und Unterstützung signalisieren waren wichtige Bausteine in der Aufarbeitung.

Die Schüler hatten die Gelegenheit, in Gesprächen mit der Klassenlehrerin und in Rollenspielen, die die Schulpsychologin initiierte, ihre Verhaltensweisen zu überdenken und Unterstützungsmaßnahmen für die bisher ausgegrenzte Mitschülerin zu entwickeln. Die Mobber wurden dabei nicht stigmatisiert, sondern waren in den Veränderungsprozess der Klasse selbstverständlich integriert. Gruppendynamische Spiele zum Aufbauen der Klassengemeinschaft und das Entwickeln von Teamfähigkeit sind unerlässlich.

Wesentlich bei der Arbeit mit der Klasse sind Zeit und Geduld, die eingefahrenen Verhaltensweisen zu verändern und nachhaltig zu verbessern. Dazu gehören auch Besprechungen mit den in der Klasse unterrichtenden Lehrkräften, um gemeinsame Schritte im Veränderungsprozess festzulegen.

Positiv wirken sich in solchen Fällen auch interne Lehrerfortbildungen zum Thema Mobbing aus, um Strategien für betroffene Kinder zu entwickeln. In die pädagogische Verantwortung gehört aber auch das Einbeziehen der Eltern dieser Klasse. Bei Elterngesprächsabenden werden einerseits die Maßnahmen bei Mobbingfällen thematisiert, andererseits aber auch die Wertevermittlung durch das Elternhaus angesprochen. Achtung und Wertschätzung eines Mitmenschen, so selbstverständlich das sein mag, sind in der Erziehung tatsächlich nicht immer so leicht zu vermitteln. Es handelt sich dabei um Grundeinstellungen, die innerhalb einer Familie gelebt werden sollten und damit von Eltern transparent an die Kinder weitervermittelt werden können.

In Monikas Fall konnte ein Unterstützungssystem innerhalb der Klasse gebildet werden, das heißt Mitschülerinnen, die sich intensiv um sie kümmerten, zum Beispiel mit ihr die Pause verbrachten und sie nachmittags oder am Wochenende zu sich nach Hause einluden.

Damit konnte Monikas Vertrauen langsam wieder aufgebaut werden. Im Nachhinein lassen sich an dieser Fallgeschichte auch eine Reihe an Möglichkeiten erkennen, schon früher auf die Situation einzuwirken. Sowohl für Eltern als auch für Lehrkräfte gilt es, rechtzeitig die Signale des Kindes wahrzunehmen. Insbesondere wenn ein Kind somatisiert und organische Ursachen für die Beschwerden ausgeschlossen werden können, sollten sich Eltern an Beratungseinrichtungen wenden. Grundsätzlich gilt es, das Kind ernst zu nehmen, damit sich psychosomatische Erscheinungsformen nicht manifestieren. Dazu gehört natürlich auch, das betroffene Kind in die Entscheidungsprozesse einzubeziehen. In Monikas Fall wäre es hilfreich gewesen, ihre Signale lange vor der geplanten Fahrt ins Schullandheim zu erkennen und zu intervenieren. Mobbingfälle lösen sich nicht von alleine, sondern erfordern das Engagement der Mitmenschen!

Lydia – Was tun, wenn die Täter anonym sind?

Bei diesem Fall aus dem Schulalltag handelt es sich um eine besonders intrigante Form von Mobbing. Unter dem Namen des Opfers, Lydia, wurden Liebesbriefe an einen Lehrer geschrieben, sogar Geschenke wurden dem Lehrer unter dem falschen Namen gemacht. So erhielt er beispielsweise eine relativ teure Uhr, angeblich von Lydia. Jetzt wandte sich der Lehrer an seinen Chef. Ihm waren die Liebesbeteuerungen natürlich unangenehm. In einem Gespräch des Lehrers mit Lydia wurde deutlich, dass sie es nicht war; ihre Aussagen klangen ehrlich. Die Eltern wurden hinzugezogen. Sie waren rat- und sprach- los, wer ihre Tochter in eine so peinliche Lage bringen konnte. Die Briefe an den Lehrer wurden weiter ver- sandt, es gab sogar nächtliche Telefonanrufe – ohne Worte – beim Lehrer, wobei die Telefonnummer des Anrufenden unterdrückt war. Es war offensichtlich, dass es jemand darauf angelegt hatte, Lydia zu kompromit- tieren.

Erst nach einem Jahr hörten die Briefe auf. Selbst als die Polizei eingeschaltet wurde, war es nicht möglich, den Täter ausfindig zu machen. Man kann sich nur vage vorstellen, was Lydia in dieser Zeit für einen seelischen Druck aushalten musste. Zu wissen, dass es jemanden gibt, der einem so schadet, ohne zu wissen, warum, wes- halb und vor allem wer, ist nervenaufreibend für ein Kind. Es gibt nichts Belastenderes, als hilflos den Atta- cken eines unbekannten Mobbers ausgeliefert zu sein. Wenn man nicht weiß, wer und weshalb jemand gegen einen ist, nagt diese Situation vehement am Selbstbe- wusstsein und kann sämtliche Handlungsmotivation läh- men, das Leistungsvermögen in den Keller fahren und das Vertrauen in die Selbstwirksamkeit zerstören. In die- sem Fall fand die Schule nie heraus, wer der Täter bezie- hungsweise die Täterin war.

Unterstützung aufbauen

Zum Glück hatte Lydia diese schwere Zeit mit Unterstützung von ihren Eltern, einigen Freundinnen und der Schulpsychologin einigermaßen gut überstanden. Welche Auswirkungen dieses Erlebnis auf Lydias Psyche und ihr späteres Leben wirklich hatte, wissen wir nicht. Auch in diesem Fall war es für Lydia extrem wichtig, die Unterstützung der Eltern zu haben. Sie standen hinter ihrer Tochter und zweifelten ihre Aussagen nicht an, sondern nahmen sie ernst und verhielten sich sehr kooperativ. Sie waren fassungslos, dass ihre Tochter Zielscheibe einer solchen Gemeinheit werden konnte. Sie fragten sich, ob das Aussehen Lydias den oder die Täter animiert haben könnte, denn Lydia entsprach nicht dem gängigen Schönheitsideal. Sie war eine kleine, pummelige Schülerin, die still und völlig unauffällig in der Klasse saß.

Sind Jugendliche durch die diversen Staffeln von Heidi Klums »Germany's next Topmodel« so auf gutes Aussehen konditioniert, dass sie andere, die nicht diesem Schönheitsideal entsprechen, ausgrenzen? Oder animiert die Täter die unbarmherzige, harte Kritik der Jury in den verschiedenen »TV-Talentshows«, alle Hemmungen zu verlieren und sich womöglich nichts dabei zu denken, wenn sie andere diffamieren? Nach dem Motto: Wenn sogar im Fernsehen gezeigt wird, wie andere heruntergemacht werden, kann es nicht so schlimm sein, wenn ich es ebenfalls mache.

Gerade stille und zurückhaltende Schüler und Schülerinnen werden so zum Opfer von Ausgrenzung, weil ihre Rolle im Klassenverbund nicht gefestigt zu sein scheint. Für diese Kinder müssen frühzeitig Präventionsmaßnahmen ergriffen und Unterstützungssysteme aufgebaut werden.

Heute Freund, morgen Feind – Wenn Freundschaften plötzlich aufgekündigt werden

Alexandra – Vom Klassenstar zum Mobbingopfer

Alexandra war ein aufgeschlossenes 14-jähriges Mädchen, das sich für das Schulleben interessierte und engagierte. Ihre fröhliche und lebenslustige Art verschaffte ihr schnell die Anerkennung der Klasse. Sie war ein echter Sympathieträger, sowohl für ihre Klassenkameraden als auch für die Lehrer. So verwunderte es nicht, dass sie bereits zum zweiten Mal zur Klassensprecherin gewählt wurde. Auf dieses Amt war sie sehr stolz und übte es gerne aus. Alexandra verbrachte viel Zeit mit ihren Klassenkameradinnen, besonders mit drei Mädchen aus ihrer Klasse. Sie verabredeten sich an Nachmittagen oder planten Aktivitäten fürs Wochenende. Als Vierergespann waren sie bekannt und hatten ihren Namen als »Glückskleeblatt« schon verpasst bekommen.

Doch das Glück schien sehr davon abhängig zu sein, dass zwei der vier Mädchen in ihrer Dominanz und ihrer gelegentlichen Launenhaftigkeit den Ton angaben. Solange deren Bedürfnisse ausreichend berücksichtigt wurden, stand das Stimmungsbarometer auf »Sonnenschein«. Das sollte sich gravierend ändern, als Alexandras Eltern sie für ein Highschool-Jahr in den USA anmeldeten. Es dauerte einige Wochen, bis Alexandras Anmeldung und die Befragung der Lehrkräfte abschließend beurteilt wurden und die richtige Familie für das Jahr in den USA gefunden war. Alexandra wollte ihre Freundinnen nicht zu früh über ihre Pläne informieren. Es war eine Mischung aus Angst und Unsicherheit, die Freundinnen zu »verlassen« und nicht angenommen zu werden, die sie zurückhielt. In ihrem Kopf kreisten unaufhörlich Fragen: Wie werden sie wohl reagieren? Gehöre ich nach einem Jahr noch dazu? Was unternehme ich, wenn dieser Plan nicht aufgeht? Kann ich ein Jahr im Ausland überstehen?

Alexandras Absturz

Als nach einer Französischstunde die Lehrerin Alexandra laut zu sich rief, um ihr einen Fragebogen für ihr Auslandsjahr zurückzugeben, starrte Alexandra ängstlich in die Richtung ihrer Freundinnen, die sie verblüfft ansahen. Danach begann für Alexandra ein Spießrutenlaufen. Johanna, die Anführerin des »Glückskleeblatts«, wollte nach der Stunde ausführlich darüber aufgeklärt werden, was Alexandra geplant hatte, und machte ihr Vorwürfe, dass sie die Freundinnen nicht schon früher davon in Kenntnis gesetzt hatte – das sei doch ein Vertrauensbruch gegenüber der eingeschworenen Clique, in der keiner aus der Reihe tanzte. Alexandras Versuche, den Freundinnen von ihren Ängsten zu erzählen, die sie zurückgehalten hatten, schon eher darüber zu sprechen, verliefen im Sand. Die Freundinnen reagierten sehr verletzt und ließen es Alexandra auf allerlei Weise spüren. Das verbleibende halbe Jahr in der Klasse war für Alexandra fast unerträglich.

Die Mädchen ihrer Clique begannen nun, Termine hinter ihrem Rücken auszumachen und Alexandra außen vor zu lassen, was diese sehr verletzte. Über SchülerVZ erfuhr sie von den Verabredungen und der Stimmung, die gegen sie gemacht wurde. Alexandras Eltern erlebten immer häufiger, wie sich ihre Tochter niedergeschlagen in ihr Zimmer zurückzog. Die sprudelnden Erzählungen darüber, was in der Schule lief, verebbten.

Als die Clique merkte, dass sie Alexandra durch Nichtbeachtung strafen konnte, erweiterte sie ihr Repertoire, indem sie Briefe an die Klassenkameradinnen herumgehen ließen. Durch diese stille Post erfuhren die Klassenkameradinnen, was man von Alexandra hielt: »Sie ist eine überhebliche Kuh! Erst gebraucht sie uns dazu, dass sie wieder als Klassensprecherin gewählt wird, und dann lässt sie uns einfach fallen und verlässt für ein Jahr die Klasse.«

So hetzte man gegen Alexandra, und einige Mitschülerinnen begannen sogar, sie zu meiden. Einige behandelten sie wie Luft, andere sparten nicht an hämischen Bemerkungen oder ließen sie spüren, dass ihre Gegenwart nicht erwünscht war. Es entstand ein unerträgliches Klassenklima für Alexandra. Allmählich zog sie sich immer mehr zurück. Manchmal verzog sie sich in der großen Pause auf die Toilette, um ihre mühsam zurückgehaltenen Tränen endlich loswerden zu können. Zu Hause wurde sie immer wortkarger, und ihre Eltern hatten Mühe, etwas aus ihr herauszubekommen. Schließlich begann sie in der Früh über Magenschmerzen, Übelkeit und Migräne zu klagen. Nach einigen Wochen ließ ihre

Mutter nicht locker und wollte endlich wissen, wie es zu dieser Verwandlung bei ihrer Tochter gekommen war. Alexandra beichtete ihr völlig aufgelöst, unter Tränen und fast schon hyperventilierend, dass sie es in der Klasse nicht mehr aushielte und gar nicht mehr am Unterricht teilnehmen wolle. Sie steigerte sich so hinein, dass Alexandras Mutter schließlich ärztliche und psychologische Hilfe in Anspruch nehmen musste.

Wie können Eltern Kinder coachen? – Überlebensstrategien für den Alltag

Alexandras Eltern war bewusst, in welch schwieriger und psychisch belastender Lebenslage sich ihre Tochter befand. Das verlässlich geglaubte soziale Netz ihrer Tochter begann zu bröckeln und sich sogar gegen Alexandra zu kehren. Aus »enger Freundschaft« wurde erbitterte Feindschaft. Für Alexandra brach eine Welt zusammen und sie verstand nicht, wie es dazu hatte kommen können. Der Anlass, das zurückgehaltene »Geheimnis«, konnte doch nicht der Grund für die Isolation in der Klasse sein! Immer wieder versuchte sie eine plausible Begründung zu finden, was allerdings jedes Mal zu heftigen Tränenausbrüchen führte. Sie steigerte sich in ihre Situation hinein und fand gedanklich kaum noch den Ausstieg. Die Angst vor sozialer Ausgrenzung in der Schule war schon fast so stark, wie die Angst davor, nach einem Jahr wieder in diese Klasse zu müssen.

Alexandras Eltern reagierten vorbildlich, indem sie immer wieder Gesprächsbereitschaft signalisierten und geduldig zuhörten. Das Leid des anderen ist real erlebtes Leid und darf auf keinen Fall verharmlost werden, indem man dem Kind sofort Interpretationen anbietet. Alexandras Eltern versuchten dem Kind zu spiegeln, wie es auf sie wirkte: verändert, traurig und niedergeschlagen, verzweifelt und in sich gefangen. Sie sprachen mit ihrer Tochter darüber, wie man miteinander umgeht, was Freundschaft ausmacht, und wie man »echte« von »unechten« Freunden unterscheiden kann. Alexandras Eltern versuchten sie dadurch zu stärken, dass sie ihr Empfinden ernst nahmen, ihre Stärken hervorhoben und keinen Zweifel daran ließen, wie lieb sie sie hatten und wie viele Menschen sie gern hatten und schätzten.

So versuchten sie gemeinsam mit Alexandra einige »Überlebensstrategien« für schwierige Zeiten festzulegen. Dazu gehörte auch das Nachdenken über den diplomatischen Umgang mit Freunden, die keine sind. Wenn Alexandra freundlich, aber distanziert bleiben kann, heizt sie den Kampf gegen sich nicht an und lässt die Aktionen ihrer Gegnerinnen ins Leere laufen. Wenn sie es schafft, durch positive Aktivitäten – auch außerhalb der Schule – Bestätigung und Zufriedenheit zu erlangen, sind ihr schulische Animositäten nicht mehr so überlebenswichtig und der Tunnelblick löst sich langsam auf.

Durch positive Ablenkungen schafft man auch den Ausstieg aus der negativen Gedankenspirale, in der Alexandra schon sehr gefangen war. Diese Gedankenspirale könnte in ihrem Fall etwa so gelautet haben: »Jetzt ist jeder gegen mich und von mir enttäuscht. Ich habe keine Freunde mehr. Es ist sowieso egal, ob ich zur Schule gehe

– dort bekomme ich doch wieder nur bestätigt, wie ungeliebt ich bin.«

Das Durchbrechen dieser Gedankenspirale ist nicht sofort und ohne jede Mühe zu erreichen. Man muss ihr auf der kognitiven Ebene mit Gegengedanken begegnen, in etwa so: »Jetzt zeigt sich also, wer tatsächlich meine Freunde sind. Ein paar Mitschüler verhalten sich neutral und sicherlich gibt es auch einige, denen die Situation unangenehm ist. Ich habe einen guten Freund auch außerhalb der Schule und Aktivitäten, die mir Freude machen. Das kann mir keiner nehmen. Wenn sie mich treffen und verletzen wollen, so lasse ich das an mir abprallen. Die Situation beruhigt sich schon wieder, wenn sie merken, dass ich nicht reagiere und sie mir nicht so wichtig sind!«

Die gefühlsmäßige Anspannung kann Alexandra durch Muskelentspannung oder eine andere Entspannungsart positiv beeinflussen.

Alexandras Eltern praktizierten diese Methoden mit ihrer Tochter und waren wertvolle Begleiter. Als sie merkten, dass Alexandras Anspannung nicht ohne Weiteres zu beheben war, suchten sie sich psychologischen Rat. In vielen Fällen ist aber ein Coaching des Kindes durch die Eltern mithilfe von Gesprächen, Überlebensstrategien und positiver Verstärkung der sozialen Verhaltensweise des Kindes ausreichend.

Dass ein Kind in Alexandras Situation Hilfe bekommt, ist jedoch entscheidend. Wenn auf einen Schlag sicher geglaubte Netzwerke und Freundschaften wegbrechen, bedeutet dies für das betroffene Kind einen schwerwiegenden Vertrauensverlust. Sicherheiten und Selbstverständlichkeiten werden infrage gestellt. Diesem negativen Prozess sollten Eltern und Lehrer unbedingt entgegenwirken.

Cybermobbing – Bloßgestellt im Netz

Johannes – Neue Medien, neues Mobbing

Natürlich ändern sich in den verschiedenen Klassenstufen die Interessen der Schüler und damit auch die möglichen Ursachen für Mobbing. Im folgenden Fall entstand zwischen zwei Freunden, Johannes und Viktor aus der zehnten Klasse, ein heftiger Streit, da Viktor meinte, Johannes habe ihm ein Mädchen abspenstig gemacht. Im Internetchat wurde daraufhin ein Liedtext veröffentlicht, in den Johannes' Name eingesetzt wurde. Der Text lautete: »Stürz dich doch von einer Brücke, dein Leben ist nichts mehr wert. Wir werden an deinem Grab tanzen.«

Nach Recherche vonseiten der Schule stammt der Text im Original von einer englischen Heavy-Metal-Band. Die Auswahl des Liedtextes war besonders makaber, da sich drei Wochen vorher ein Junge aus der Parallelklasse tatsächlich von einer Brücke gestürzt hatte. Er war sofort tot. Der Schock über diesen schrecklichen Freitod erschütterte damals den Landkreis. Das Erlebnis löste große Betroffenheit unter den Jugendlichen aus.

Das lange Gedächtnis des Internets
Johannes, an den der Text gerichtet war, war völlig verzweifelt. Die Eltern erstatteten Anzeige bei der Polizei. Der Urheber des Textes, Viktor, wurde ausfindig gemacht und musste die Schule sofort verlassen. Zwar

nimmt Mobbing in den höheren Klassen ab; wenn es aber stattfindet, dann mit erschreckender Härte. Die neuen Medien eröffnen nie dagewesene Möglichkeiten für Mobbing im Internet mit fatalen Auswirkungen für das Opfer. Einmal im Netz, verschwinden die Diffamierungen, Schmähungen und diskriminierenden Äußerungen nie mehr und können sogar Jahre später der beruflichen Laufbahn nachhaltig schaden.

Ein Ratschlag an die Eltern: Eltern sollten nicht müde werden, ihr Kind darauf hinzuweisen, keine persönlichen Daten und freizügigen Fotos im Internet zu veröffentlichen, damit diese nicht zweckentfremdet werden können. Es ist für die Schulleitung längst ein Muss, in jährlich wiederkehrenden Veranstaltungen sowohl Eltern als auch Kinder zu sensibilisieren, was sie von sich im Netz preisgeben wollen und wer wie darauf Zugriff hat. Das Netz vergisst nichts, was irgendwann einmal eingestellt wurde. Dazu kommt noch eine weitere Gefahr: Pädophile nutzen die Chatrooms und Netzwerke im Internet, um unter falschem Alter und Namen ahnungslose, gutgläubige Kinder in die Falle zu locken.

Der Fall Anna – Facebook als Mobbingplattform

Eine Schülermutter wandte sich am Ende des Schuljahres an die Schulleitung. Sie sagte, sie sei verzweifelt und könne nachts nicht mehr schlafen, da ihre Tochter Anna ihr anvertraut habe, wie sehr sie unter Ausgrenzung und Isolation in der Klasse leide. Anna hatte zu Beginn des Schuljahres extra die Schule gewechselt, da sie schon in der anderen Schule die Rolle des Außenseiters gehabt habe. Und nun erlebe sie das Gleiche auch an der neuen Schule, ja es sei sogar noch schlimmer. Niemand würde sie anrufen, besuchen oder in den Ferien mit ihr etwas zusammen unternehmen. Zum Glück würden noch einige Mädchen der alten Schule anrufen, sonst wäre sie komplett isoliert. Aber das Allerschlimmste seien die Verleumdungen und der Aufruf auf Facebook, sie zu ignorieren. Einige Mitschülerinnen hätten auf Facebook vereinbart, sie wie Luft zu behandeln. Außerdem sei sie einmal mit einem Jungen gesehen worden, und darüber gab es Mutmaßungen wie: »Den hat sie bezahlen müssen, damit er mit ihr ausgeht.«

Das sind natürlich vernichtende Äußerungen, die das Selbstwertgefühl massiv bedrohen und dem Mädchen den weiteren Schulbesuch zur Qual machen, wenn nicht vonseiten der Schule etwas unternommen wird. Denn diese Verleumdungen hören niemals auf, ja werden sogar mit der Zeit zu einem »normalen« Verhalten, wobei sich die Täterinnen nicht darüber klar sind, wie sehr sie dem Opfer damit wehtun. Das Opfer war eine stille, zurückhaltende Schülerin, die eher unscheinbar wirkte, während viele Mitschülerinnen bereits geschminkt und nach dem neuesten Trend gekleidet in die Schule kamen. Daneben gab es in dieser Klasse ein stillschweigendes Übereinkommen, ja nicht durch gute Noten zu glänzen, um nicht als Streber zu gelten. Das galt als »uncool«. Angesagt waren durchschnittliche Noten und Mitarbeit, aber auf keinen Fall herausragende Leistungen. Und genau die hatte unser Opfer, da sie allein zu Hause saß und die Zeit zum Lernen nützte. Also wurde sie dafür nochmals abgestraft. Sie hatte kaum Freundinnen, was in diesem Entwicklungsabschnitt fatal ist.

Die Schulleitung hatte sofort ein Gespräch mit den Mitschülerinnen geführt, die sich auf Facebook negativ über das Opfer geäußert hatten. Diese bereuten – nach einiger Zeit – ihr Verhalten. Zunächst rechtfertigten sie sich damit, dass üble Äußerungen über Mitschülerinnen normal seien und oft vorkämen. Deshalb hätten sie auch nicht viel darüber nachgedacht, was das für Folgen bei dem Opfer habe.

Mobbing auf neuen Kanälen

Aufgrund solch weit verbreiteter übler Nachrede im Chat (»Das ist normal«) beschloss die Schulleitung, ein Präventionsteam der Polizei einzuschalten, das mit der Schulpsychologin einen pädagogischen Vormittag zum Thema Cybermobbing gestaltete. Cybermobbing ist keine eigenständige, neue Mobbingmethode, sondern eine durch die neuen Medien ermöglichte omnipräsente Form von Mobbing, die zum Beispiel in Form von SMS, E-Mails, per Instant Messanger (IM) und in sozialen Netzwerken vorkommt. Der Mobber lässt dabei keinen Kanal ungenutzt. Damit schützt das eigene Zuhause nicht mehr – jetzt ist Mobbing rund um die Uhr möglich, und da der persönliche Kontakt mit dem Opfer ausfällt, ist diese Art von Mobbing noch kränkender, übler und verletzender. Es gibt kein Tabu. Die Hemmschwelle der Täter, bei Cybermobbing mitzumischen, ist geringer, weil es keinen Mut erfordert, bei Attacken gegen das Opfer mitzumachen. Man sieht das Opfer und seine Reaktionen, die durch die hinterlistigen Angriffe ausgelöst werden, nicht. Das Ausmaß von Cybermobbing ist nicht zu kontrollieren oder zu steuern. Was einmal im Netz ist, kann weltweit Verbreitung finden. Damit hat diese Sonderform des Mobbings ungeahnte, schwer beherrschbare Konsequenzen für das Opfer. Wenn früher das Zettelchen mit beleidigendem Inhalt im Schulhof gefunden wurde, der oder die Täter zur Rede gestellt waren und dann der Beweis vernichtet worden war, war die Angelegenheit erledigt. Heute sind die Inhalte bei Cybermobbing kaum mehr rückgängig zu machen. Die Büchse der Pandora ist geöffnet. Trotzdem wird das reale Mobbing, die tägliche Konfrontation des Opfers, von den meisten Jugendlichen als wesentlich belastender eingeschätzt. Fragt man Kinder und Jugendliche, geben 80 Prozent an, traditionelles Mobbing sei für das Opfer schlimmer als Cybermobbing. Nur wenige Befragte waren der Ansicht, Cybermobbing sei schlimmer.

Handlungsoptionen bei Cybermobbing
Wichtig bei dieser Art von Mobbing ist für die Schule:

1. die unbedingte Unterstützung des Opfers,
2. Sanktionierung des Täters, auch wenn der Vorfall in der Freizeit geschieht,
3. Arbeit mit der Klasse.

Dabei ist der dritte Punkt der wichtigste. Um Nachhaltigkeit zu erreichen, muss die Auseinandersetzung mit dieser neuen Form des Mobbings immer wieder aufgegriffen und thematisiert werden. Hierzu ist zum Beispiel ein regelmäßiger Morgenkreis hervorragend geeignet. Parallel dazu sollte bei einem bekannt gewordenen Fall ein Elternabend stattfinden, der den Eltern eindringlich auch die rechtlichen Folgen von Cybermobbing vor Augen führt.

Was kann man als Elternteil aus diesem Fall lernen? Man darf nicht abwarten, bis sich das Problem von selbst löst. Das geschieht nicht. Eltern müssen handeln, müssen zur Schulleitung gehen und diese informieren. Da Cybermobbing nicht in den Schullalltag fällt, müssen Eltern die Schule benachrichtigen. Denn die Schule kann erst dann tätig werden, wenn die Eltern weitergeben, was sie bemerkt haben. Je früher dem Cybermobbing ein Ende bereitet wird, desto weniger muss das Kind leiden. Cybermobbing, das vermeintlich anonym ist, hört dann auf, wenn die Täter merken, dass ihr Treiben aufgedeckt wird. Nicht vorher!

Susanne – Cybermobbing kann krank machen

Wer kennt nicht aus eigener Erfahrung und Erinnerung an die Schulzeit die kleinen Zettelchen, die man sich verstohlen unter der Bank zugesteckt hat? Sie enthielten kleine Botschaften an die Mitschüler, manchmal nur an die beste Freundin. Entweder waren es Fragen bezüglich der Nachmittagsgestaltung, Verständnisfragen zum Lernstoff oder aber Kommentare über die Lehrkräfte, deren Äußeres, ihre Gestik usw., Äußerungen zur momentanen eigenen Befindlichkeit, ob etwas langweilig oder interessant war. Dann gab es aber auch Zettel, deren Inhalt Urteile über Mitschüler enthielten, Negatives, teilweise Diffamierendes. Gelegentlich zierten auch böse Sprüche, Reime oder kleine Skizzen die Tafel. So öffentlich bloßgestellt zu werden war für die Betroffenen noch peinlicher und verletzender.

Dieses Zettelwesen gibt es nach wie vor, aber die moderne Technik hat heutzutage noch sehr viel mehr Möglichkeiten, Informationen und auch Unwahrheiten in kürzester Zeit an möglichst viele Menschen zu verbreiten.

Im vorliegenden Fall passierte das Susanne, einer Schülerin der achten Klasse. Susannes Eltern wandten sich an die Schulpsychologin mit der Bitte, ein Gespräch mit Susanne zu führen, die sich seit etwa drei Wochen krank fühle und die Schule nicht mehr besuchen könne. Sie machten sich große Sorgen, weil ihre Tochter nun insbesondere in einer Zeit fehlte, in der wöchentlich zwei Klassenarbeiten und diverse Tests geschrieben wurden. Susanne käme mit dem Lernen nicht mehr hinterher, eventuell sei sogar das Klassenziel gefährdet. Als Susanne ziemlich verschüchtert zum Gesprächstermin zusammen mit ihren Eltern erscheint, wirkt sie müde und antriebslos. Sie war auffallend blass und sprach sehr wenig, nur auf Aufforderung ihrer Mutter. Diese berichtet von den Untersuchungen des Kinderarztes, der sehr gründlich vorgegangen war. Blutbild, EKG, Sonografie der inneren Organe, alles war gemacht worden, aber ohne Befund. Organisch war bei Susanne alles in Ordnung. Dennoch musste sich das Mädchen morgens mehrfach übergeben, klagte über heftige Bauchschmerzen und konnte nicht in die Schule gehen. An manchen Tagen schien es in der

Früh besser zu gehen, so dass der Vater Susanne mit dem Auto zur Schule brachte, denn sie wollte nicht mit dem Schulbus fahren. Aber bereits in der ersten Stunde war ihr so schlecht, dass sie erst gar nicht den Versuch unternahm, am Unterricht teilzunehmen, sondern gleich ihre Mutter anrufen ließ, um abgeholt zu werden. Das kam in den letzten Wochen regelmäßig vor, seit drei Wochen aber war sie gar nicht mehr in der Schule gewesen. Eine Mitschülerin, die in der Nachbarschaft wohnte, brachte ihr täglich die Hausaufgaben und Arbeitsblätter vorbei, die Mutter kopierte die Hefteinträge. Über das, was eventuell in der Schule vorgefallen war, konnte oder wollte Susanne mit ihren Eltern nicht sprechen.

Beim Erstgespräch mit der Schulpsychologin wurde die familiäre Situation hinterfragt. Im Einzelgespräch mit Susanne erzählte das Mädchen von ihrer zwei Jahre älteren Schwester, die die zehnte Klasse besuchte und sehr leistungsstark war. Susanne bewunderte sie, weil sie so beliebt in der Klasse war und viele Freundinnen hatte. Seit Kurzem habe sie auch einen Freund, den auch ihre Eltern sehr nett fänden. Ihrer Schwester sei schon immer alles sehr leichtgefallen, sie dagegen müsse sich tüchtig anstrengen, um in der Schule Erfolg zu haben. Wenn es zu Hause mal Ärger gebe, dann sei es meistens wegen ihr, wenn sie zum Beispiel vergessen habe, etwas im Haushalt zu erledigen. Im Großen und Ganzen erlebe sie ihre Eltern aber als liebevoll und fürsorglich und habe auch großes Vertrauen zu ihnen. Was sie derzeit bedrücke, könne sie aber niemandem sagen.

Die Eltern berichteten, Susanne sei schon von Anfang

an ein sehr anhängliches Kind gewesen, das viel Aufmerksamkeit verlangte. Sie sei stets bemüht, alles richtig zu machen, um den Eltern zu gefallen. Gelegentlich hätten sie aber den Eindruck, Susanne sei eifersüchtig auf ihre Schwester, weil sich diese in vielen Dingen leichter tue, in der Schule sehr gut sei und einen großen Freundeskreis habe. Susanne suche sehr oft die Nähe ihrer Schwester und würde dieser auch sehr viel anvertrauen. In letzter Zeit allerdings hätte sie sich auch von ihr etwas zurückgezogen, würde großenteils in ihrem Zimmer sitzen und signalisieren, sie wolle ihre Ruhe haben. Oft höre man sie weinen. Die Eltern vermuteten, Susannes Rückzug läge zum einen daran, dass ihre Schwester nun einen Freund und deshalb weniger Zeit habe, zum anderen stecke sie ja auch mitten in der Pubertät und eine gewisse Distanz sei völlig normal. In der Nacht hätten sie auch schon die Beobachtung gemacht, dass Susanne nicht einschlafen könne oder öfter in der Nacht wach werde. Sie wirke am Morgen dann immer sehr müde und erschöpft, und das sei mit ein Grund, sie nicht in die Schule zu schicken. Sie seien aber nun doch ratlos. Sie merkten, dass Susanne etwas bedrückte, sie könnte sich ihnen und der Schwester gegenüber aber nicht öffnen.

Anfeindungen über neue Medien

Im Laufe der schulpsychologischen Beratung wurden mit Susanne diverse Testverfahren gemacht. Unter anderem ergab der Angstfragebogen für Schüler (AFS), dass Susanne eine sehr große Schulangst hatte. Erst allmählich fasste Susanne Vertrauen zur Schulpsychologin und öffnete sich im Gespräch. So wurde Schritt für Schritt deutlicher, dass Susanne ein Mobbingopfer war. Sie erzählte von einem Mädchen aus ihrer Klasse, das sie schon seit längerer Zeit belästigen würde und sich über sie lustig mache, egal was sie tue. Vor Kurzem habe dieses Mädchen auch angefangen, Lügengeschichten über sie zu verbreiten. Ganz zufällig habe sie das erfahren. Mitschülerinnen aus ihrer Klasse hätten von dem mobbenden Mädchen eine SMS bekommen, in der Susanne verhöhnt wurde. Susanne habe angeblich an der Bushaltestelle einen Jungen angesprochen, der als momentaner Mädchenschwarm galt, und sei abgeblitzt. Nun machte man sich darüber lustig, wie Susanne es wagen konnte, diesen Jungen überhaupt anzusprechen, so pummelig und voller Pickel im Gesicht, wie sie sei. Sie sei doch ziemlich unscheinbar und brauche sich nicht einzubilden, dass dieser Junge ihr auch nur im Geringsten Beachtung schenken würde.

Susanne wurde mit dieser Information durch eine Mitschülerin konfrontiert, die ihr die SMS zeigte, aber auch unmissverständlich klarmachte, sie solle den Jungen in Ruhe lassen und ihn nicht weiter belästigen, weil er bereits mit ihr verabredet sei. Susanne verstand die ganze Aufregung überhaupt nicht, hatte sie dem Jungen doch lediglich eine Nachricht ihrer Schwester, die eine Party plante und ihn einladen wollte, überbracht. Welche Lawine an Beleidigungen und Unterstellungen sie mit dieser selbstverständlichen und völlig harmlosen Handlung ausgelöst hatte, war für sie unbegreiflich und absolut nicht nachvollziehbar.

Verletzend war für sie auch die Tatsache, dass man ihr nahelegte, sie sei es nicht wert, mit dem Jungen zu sprechen oder sich gar mit ihm zu befreunden. Die gemeinen Aussagen, ihr Äußeres betreffend, machten sie sehr traurig. Auch merkte sie am Verhalten der Mitschülerinnen, dass man sie mied, sogar anrempelte, ihr das Bein stellte, ihre Umhängetasche am Vorbeigehen öffnete und auffällig über sie tuschelte. Susanne konnte weder auf die SMS noch auf diese Verhaltensweisen adäquat reagieren. Sie trat den Rückzug an und versuchte, allen aus dem Weg zu gehen. Mit wem hätte sie darüber reden können? Da fiel ihr niemand ein, denn eine Freundin hatte sie ja nicht. Ihrer Schwester wollte sie nichts davon erzählen, auch aus Angst, sie würde darüber lachen. Bei ihren Eltern hielt sie sich ebenfalls zurück, um sie nicht mit ihren Sorgen zu belasten. Zunächst versuchte sie also, die Situation auszuhalten, und hoffte, in einigen Tagen wäre das Ganze vergessen und man würde sie in Ruhe lassen. Leider war das aber nicht der Fall. Jeden Tag kamen neue Lügengeschichten dazu, die man in ihrem Beisein ganz offen erzählte. Susanne wehrte sich nicht, blieb stumm. Was zunächst als SMS-Attacke anfing, machte vor weiteren Medien nicht Halt.

Das Internet als ideales Forum für Mobbing

In einer Zeit, in der es für viele Menschen, insbesondere für Jugendliche, eine Selbstverständlichkeit ist, sich online auszutauschen, sind Internetforen wie Facebook geradezu ideal, um Mobbingopfer bloßzustellen.

So passierte das auch mit Susanne, die eigenlich gar

nicht auf Facebook war, weil sie noch niemand als Freundin dort angegeben hatte. Aber viele Mädchen der Klasse waren miteinander vernetzt und erhielten die entsprechenden Links. Das mobbende Mädchen aus Susannes Klasse hatte nicht davor Halt gemacht, ein äußerst unvorteilhaftes Foto Susannes, das während des letzten Wandertags aufgenommen wurde, auf diesen Internetseiten zu veröffentlichen und sehr unschöne Äußerungen über Susanne hinzuzufügen. Wieder erfuhr Susanne die Sache zufällig, über ihre Schwester, die ebenfalls auf Facebook war und über eine Freundin den Link bekam. Susanne wollte aber mit ihrer Schwester nicht darüber sprechen, ihr war das alles sehr peinlich.

Die Situation war eskaliert, fast alle aus der Klasse und viele Mitschülerinnen aus ihrer Schule waren jetzt Zeugen der Beleidigungen und Verleumdungen. Susanne verweigerte sich nun völlig und wollte nicht mehr in die Schule gehen. Sie fühlte sich tatsächlich krank und ließ alle ärztlichen Untersuchungen über sich ergehen. Die Eltern wurden zunehmend ratlos, insbesondere als keine Diagnose gestellt werden konnte und der Arzt psychosomatische Beschwerden vermutete. Erst einige Tage später wandte sich Susannes Schwester an ihre Eltern und zeigte ihnen den Eintrag auf Facebook. Der Vater wollte von Susanne wissen, was dahinterstecke, und sprach sie darauf an. Susanne konnte aber überhaupt nichts dazu sagen, lief in ihr Zimmer, sperrte sich dort ein und weinte. Um ihrer Tochter zu helfen, versuchten die Eltern mithilfe der Schwester in Erfahrung zu bringen, welches Mädchen die verunglimpfenden Äußerungen und das Foto von Susanne ins Netz gestellt und verbreitet hatte.

Susannes Vater nahm daraufhin Kontakt zum Elternhaus des Mädchens auf, war aber sehr erstaunt, wie man dort auf sein Anliegen reagierte. Anstatt auf der Elternebene ein konstruktives Gespräch zu führen, das Klärung in die seit Wochen andauernde Geschichte bringen würde, wurde ihm bedeutet, er solle sich doch nicht in die Angelegenheit seiner Tochter einmischen. Sie sei schließlich alt genug, um sich selbst um die Sache zu kümmern. Die Eltern des mobbenden Mädchens waren der Meinung, man solle sich grundsätzlich nicht in den »Zickenkrieg« pubertierender Kinder einmischen. Wahrscheinlich sei die ganze Angelegenheit ziemlich harmlos und nicht ernst gemeint. Sie selbst sähen keinerlei Veranlassung für ein klärendes Gespräch in Beteiligung der beiden Mädchen und wünschten auch keine weiteren Telefonate in dieser Sache. Die Mädchen würden das untereinander sicherlich klären, Susanne sei wohl ein ganz besonderes Sensibelchen. Vielleicht sollten die Eltern ihre Aufmerksamkeit mehr dahin lenken, sie selbstständig werden zu lassen.

Susannes Eltern hatten mit dieser Reaktion überhaupt nicht gerechnet. Es war für sie völlig unverständlich, wie wenig kooperativ die anderen Eltern waren und sich damit aus einer heftigen Diffamierungsgeschichte heraushielten, in der ihr Kind nicht das Opfer, sondern die vermeintliche Täterin war. Erneut suchten die Eltern das Gespräch mit Susanne und erzählten ihr von dem Telefonat. Susanne reagierte mit heftigem Weinen auf die

Information und war nicht in der Lage sich zu äußern. Ihre Körperhaltung signalisierte ihren Eltern Angst. Daraufhin wandten sich Susannes Eltern an den Klassenlehrer, der Susanne als ruhiges und zurückhaltendes Mädchen beschrieb, das sich am Unterrichtsgeschehen noch sehr viel aktiver beteiligen sollte. Ihre nun schon längere Fehlzeit mache ihm Sorgen.

Zur Klassensituation insgesamt konnte er jedoch wenig sagen. Ihm seien bestimmte Cliquen zwar aufgefallen, er könne aber keine konkreten Vorfälle benennen. Bezüglich Mobbing habe er keinerlei Anhaltspunkte, habe auch von den Kollegen, die in dieser Klasse unterrichten, keine derartigen Beobachtungen mitgeteilt bekommen. Er versprach den Eltern aber, sich der Sache anzunehmen und mit der Klasse darüber zu sprechen. Man vereinbarte einen weiteren Gesprächstermin in einigen Tagen, bis dahin wollte der Klassenleiter mit der Klasse sprechen.

Lösungsansätze im Fall Susanne

Beim erneuten Termin mit den Eltern teilte der Klassenleiter mit, die Klasse wäre sehr überrascht gewesen, dass Susanne gemobbt werde. Sie würden das in der Klasse komplett ausschließen. Schließlich mache man sich ja über jeden in der Klasse mal lustig, aber das sei ja kein Mobben! Auch sei man der Meinung, Susanne müsse mehr auf die Mitschülerinnen zugehen. Die Initiative müsse von ihr ausgehen, denn man würde sie in der Klasse durchaus akzeptieren.

Unabhängig von Susannes Fall zeigt die Reaktion der

Klasse keinerlei Reflexion des eigenen Verhaltens. Im Gespräch mit dem Klassenlehrer wird deutlich, dass die Schüler Mobbing eher als ein Konstrukt betrachten, das bei ihnen niemals vorkommen würde. Was Mobbing tatsächlich ist und auf welch subtilen Ebenen es sich abspielt, ist in das Bewusstsein dieser jungen Menschen noch nicht vorgedrungen. Typisch ist auch die Haltung der Klasse, Susanne müsse selbst aktiv werden, wenn sie Anschluss an die anderen wolle. Damit macht es sich jeder einzelne in der Klasse sehr einfach: Man schiebt das Problem ab.

Anstatt sich selbst um die Klassenkameradin zu kümmern, entlasten sich die Schüler und verlagern die Problematik auf diejenige, die dringend Unterstützung bräuchte. Weit gefehlt also, was Solidarität und Verantwortungsbewusstsein innerhalb dieser Klasse betrifft! Der Klassenlehrer ist mit der bisherigen Klärung mit der Klasse sehr unzufrieden und macht deshalb den Eltern den Vorschlag, sich an die Schulpsychologin zu wenden, was Susannes Eltern auch gerne in Anspruch nehmen.

Was man den Eltern auf jeden Fall lobend zugutehalten muss, ist die Tatsache, dass sie handeln und versuchen, möglichst schnell eine Lösung für ihr Kind und dessen Problematik zu finden. Sie werden aktiv und ergreifen auf privater und schulischer Ebene die Initiative. In ihrer Verantwortung und Fürsorge lassen sie medizinisch alles abklären, was zu den körperlichen Symptomen Susannes passen könnte. Alle möglichen Anlaufstellen werden kontaktiert, auch wenn sie überall eingestehen müssen, dass ihre Tochter nicht mit ihnen über ihr Problem sprechen könne. Positiv ist auch ihr rechtzeitiges Reagieren im Schuljahr. Häufig kommen Eltern und betroffene Kinder erst am Schuljahresende in die Beratung oder sprechen die Schulleitung darauf an, wie sehr ihr Kind im vergangenen Jahr unter den Gegebenheiten zu leiden hatte. Alle Beteiligten in einer Mobbingsituation sollten dazu ermutigt werden, sich möglichst schnell zu öffnen und Hilfe in Anspruch zu nehmen. Je früher die Schule und die dortige Beratungseinrichtung davon Kenntnis haben, umso schneller können gezielte Interventionen greifen, um das Kind zu entlasten. Oftmals reagieren Familien sehr spät oder gar nicht, aus Angst, das Kind könne noch mehr darunter zu leiden haben, wenn man initiativ werde. Der Leidensprozess des Kindes verstärkt sich damit aber. Leitet man die nötigen Maßnahmen erst zum Ende des Schuljahres ein, greifen diese nicht mehr, weil nachhaltige Effekte erst nach den Sommerferien abgefragt werden könnten. Bis dahin sind sie bei den meisten Schülern schon in Vergessenheit geraten.

Zurück zum Fall Susanne. In der schulpsychologischen Beratung wurden zunächst verschiedene Interventionen geplant. Im Mittelpunkt steht Susanne, die nach der dreiwöchigen Abwesenheit dringend wieder regelmäßig die Schule besuchen soll. Das kann aber erst dann erfolgen, wenn Susanne dazu bereit ist und eine gewisse körperliche und psychische Stabilität erlangt hat. Dringlich ist die Maßnahme, mit der Klasse, insbesondere mit den Mobbern und deren Mitläufern zu sprechen. Erneut ist auch hier die Vermittlung von Einsichten vordergründig. Anschließend können Regeln erarbeitet werden, wie man miteinander umzugehen hat, ein Umgang, der insbesondere Respekt, Toleranz und Achtung dem anderen gegenüber beinhaltet.

Auch muss der Mobbingfall für alle Lehrkräfte, die in der Klasse unterrichten, transparent werden. Das erfordert eine Klassenkonferenz, in der zunächst über den Fall berichtet wird und anschließend gemeinsame Maßnahmen beschlossen werden. Für all diese Interventionen ist eine klare Absprache mit den Eltern im Hinblick auf eine Schweigepflichtentbindung wichtig. Nur so können klare Entscheidungen getroffen und wesentliche Informationen ausgetauscht werden. Dabei muss immer das Wohl des Kindes im Vordergrund stehen.

Parallel zur schulpsychologischen Arbeit mit Susanne und ihren Eltern wurde in diesem Fall auch eine therapeutische Unterstützung durch die Kinder- und Jugendpsychiatrie für sinnvoll erachtet. Es musste zunächst versucht werden, Vertrauen zu Susanne aufzubauen, um überhaupt mit ihr ins Gespräch zu kommen und einzelne Schritte bezogen auf die schulische Integration zu planen. Zudem mussten ihre psychosomatischen Symptome gemildert werden, gegebenenfalls auch durch kurzfristige medikamentöse Behandlung. Leidet ein Kind längerfristig unter den psychosomatischen Beschwerden und bleibt deshalb der Schule fern, besteht die Gefahr, dass es lähmende Ängste entwickelt und zu keinen sozialen Kontakten mehr fähig ist. Um diesbezüglich eine phobische Reaktion zu verhindern, muss für das Kind möglichst rasch eine sukzessive Entlastung herbeigeführt werden.

Für Susanne war die therapeutische Begleitung notwendig. Sie konnte dort Strategien entwickeln und Handlungsmöglichkeiten in Rollenspielen ausprobieren, um selbstsicherer zu werden und nicht alles ertragen zu müssen.

Auch gruppendynamische Maßnahmen sind wichtig, um Kooperation und Kommunikation mit Gleichaltrigen aufzubauen. Diese therapeutischen Gruppen werden gelegentlich auch in Erziehungsberatungsstellen angeboten. Abgesehen davon sind natürlich auch Sport- oder Musikvereine sehr hilfreich, um die soziale Integration zu fördern. Jugendliche lassen sich auch gerne für Jugendgruppen kirchlicher oder karitativer Einrichtungen begeistern und lernen dabei ganz ungezwungen, nicht nur zu helfen und Verantwortung zu übernehmen, sondern auch das soziale Miteinander.

Täter für die Auswirkungen des Cybermobbings sensibilisieren

Auf den Fall Susanne bezogen, reicht es selbstverständlich nicht aus, nur mit Susanne, deren Eltern und den unterrichtenden Lehrkräften zu arbeiten. Natürlich muss auch eine Intervention in der Klasse erfolgen, insbesondere mit dem Mädchen, das die Initiatorin des Mobbings war. Hier gilt der Grundsatz, dass nicht die Anklage entscheidend ist, sondern das Vermitteln von Einsichten. Es muss den Mobbern deutlich vor Augen geführt werden, was sie getan haben, wie sehr sie jemandem Leid zugefügt haben, aber auch, welche rechtlichen Konsequenzen ihr Verhalten mit sich bringen kann.

Wenn man Mitläufer einbezieht, ihnen aufzeigt, wie unkritisch sie sich von Mobbern für deren Belange manipulieren lassen, und diese so weit bringt, tatsächlich über ihr eigenes Fehlverhalten nachzudenken, ist schon viel erreicht.

Das Trainieren von Handlungskompetenzen in simulierten Situationen ist hilfreich und gibt Kindern und Jugendlichen ein Repertoire an die Hand, das sie gegebenenfalls gut einsetzen können. Wichtig ist dabei auch, Mut zu zeigen und die eigene Meinung zu formulieren, auch wenn man zunächst alleine damit steht. Sich für andere einzusetzen bedeutet oftmals, gegen den Strom zu schwimmen und gegen Repressalien anzukämpfen.

Eine Klasse braucht keine Mitläufer, sondern mutige junge Menschen, die gelernt haben, sich für die Belange ihrer Mitschüler zu interessieren, und sofort entschieden eingreifen, wenn jemandem physisch oder psychisch Leid zugefügt wird. Je stärker die Solidarität in der Gruppe ist, desto geringer ist die Chance für Mobber!

In Susannes Klasse zog der Mobbingfall eine ganze Reihe von gruppendynamischen Maßnahmen und Einzelgesprächen nach sich, die von einem Team aus Lehrkräften und der Schulpsychologin durchgeführt wurden. Für alle Beteiligten muss im Prinzip klar sein, dass sich Mobbing nicht plötzlich in Wohlgefallen auflöst, sondern einen Prozess in Gang setzt, der Zeit braucht, um etwas zu erreichen.

Auch mit Susanne wurde die Integration in die Klasse trainiert. Dabei musste sehr behutsam vorgegangen werden. Die Klasse war bereits durch einige der genannten

Maßnahmen vorbereitet. Für Susanne war es am Anfang nur möglich, mit dem Vater zur Schule zu fahren und sich bis ins Schulhaus begleiten zu lassen. Sicherheit gab ihr auch die Option, nach der großen Pause selbst zu entscheiden, ob sie noch bis zum Ende des Schultages durchhalten könnte. Erfahrungsgemäß kann man diese »Trainingsschultage« sehr rasch wieder auf Normalmaß bringen, wenn man vorab ein Schülerteam bestimmt hat, das sich um die betroffene Schülerin kümmert, und einen Lehrer, der als Ansprechpartner fungiert. Sollte es schwierig sein, ein Team aus der eigenen Klasse zu rekrutieren, so besteht auch die Möglichkeit, Tutorinnen aus einer höheren Jahrgangsstufe dafür zu gewinnen, die die Schülerin vor dem Unterricht und in der Pause betreuen. Damit schafft man keine erneute Ausgrenzung, sondern erhöht den Stellenwert des betroffenen Kindes, das bei den älteren Schülern Akzeptanz, vielleicht auch Schutz findet.

Lehrkräfte schulen

Seit einigen Jahren, auch bedingt durch die Zunahme von Mobbingfällen an den Schulen, gibt es für Lehrkräfte eine Reihe von Fortbildungsmöglichkeiten, über die sie sich mit dem Thema Cybermobbing auseinandersetzen können und lernen, professionell zu intervenieren. Da viele Dinge unter den Schülern subtil ablaufen, ist die Sensibilität von Lehrern ganz besonders gefordert, um Anzeichen von Mobbing rechtzeitig zu erkennen. So kann man gezielt eingreifen und alle wichtigen Kontakte herstellen, um einem Kind schnell zu helfen. Insbesondere sollten auch erprobte Programme zum Erlernen und Fördern sozialer Kompetenzen zum Einsatz kommen. Solche Fähigkeiten sind vor allem für Unterstufenklassen wichtig und können im Mittelstufenbereich noch vertieft werden. Entscheidend ist, dass Schulen solchen Programmen Raum und Zeit geben, damit diese in die Förderung junger Menschen selbstverständlich einbezogen werden.

Der Fall Susanne wurde zum Anlass genommen, einen Fachexperten zum Thema Cybermobbing an die Schule einzuladen, der über die Gefahren des Internets referierte und über die diversen Kommunikationsforen wie Facebook, SchülerVZ oder Ähnliches sprach. Ebenso fand auch eine Elternveranstaltung zum Thema statt. Diese Maßnahmen sind dringend notwendig, um einer so komplexen und gefährlichen Problematik wie Cybermobbing zu begegnen. Mehr denn je ist die Aufmerksamkeit von Eltern und Lehrern gefordert, damit das Internet kein uneinsehbarer Raum bleibt, in dem Mobbing ungehindert und ungestraft stattfinden kann.

Wenn Eltern sich zu sehr einmischen

Engagement, Interesse oder Einmischung? –
Der Fall Sascha

Engagierte Eltern laufen manchmal Gefahr, sich zu sehr in den Freundeskreis des Kindes einzumischen. Eltern versuchen, Konflikte für die Kinder zu lösen, was dazu führen kann, dass es zur Zuspitzung der Situation und zu Mobbing kommt. Bei Sascha, damals sechste Klasse, war dies der Fall. Sascha war in der fünften Klasse gut in die Klassengemeinschaft integriert. Als ihm dann allerdings der Vater ins Schullandheim nachfuhr, um nachzusehen, ob alles in Ordnung sei, waren dies erste Anzeichen für eine Eskalation. Sascha war der unvermutete Besuch seines Vaters ziemlich unangenehm. Er empfand diesen Besuch seinen Mitschülern gegenüber als peinlich.

Ansonsten äußerte er oft und bei jeder sich bietenden Gelegenheit, wie gut es ihm am Gymnasium gefalle. Er sei in einer netten Klasse und habe viele Freunde.

In der sechsten Klasse berichtete Sascha den Freunden, er werde in ein Sportinternat gehen, ein Trainer habe ihn entdeckt, er solle für Wettkämpfe in Taekwondo trainieren. Den schwarzen Gürtel habe er schon in der fünften Klasse erreicht. Die Presse brachte sogar einen Artikel über Saschas ehrgeizige Ziele. Die Mitschüler reagierten positiv. Sie beglückwünschten Sascha, drückten aber auch ihr Bedauern aus, dass er nach dem Schuljahr weggehe. Nur Wochen später äußerte Sascha plötzlich im Chat, er gehe gern fort, weil er die Schule sowieso nicht mehr leiden könne, ebenso wenig die Freunde und Mitschüler, die alle blöd seien. Die Klasse reagierte empört. Es kam immer wieder zur Eskalation. Am Ende hatte Sascha die ganze Klasse gegen sich.

Was war geschehen, dass jetzt alles ganz anders war? Es gibt nur Vermutungen: Sorgte die Mutter, eine sehr ehrgeizige, leistungsbetonte Frau, die die eigene Sportkarriere wegen der Familienplanung abgebrochen hatte, für den Stimmungswandel beim Sohn, der bislang immer beteuert hatte, es gefalle ihm gut an der Schule? Versuchte die Mutter Sascha die Furcht vor einem Schulwechsel zu nehmen, indem sie dem Sohn suggerierte, dass an der jetzigen Schule alles negativ sei? Welche sonstige Ursache für den Gesinnungswandel Saschas gibt es? Wir wissen es nicht. Wir können nur Vermutungen anstellen. Es folgten im Chat und übers Telefon Beleidigungen und Kränkungen auf beiden Seiten, die Eskalationsspirale drehte sich immer schneller. Zudem fing auch noch Saschas Mutter an, E-Mails an die Mitschüler ihres Sohnes mit kränkendem Inhalt zu schreiben. Eine andere Mutter antwortete auf die Mails, das Ganze lief aus dem Ruder. Rückblickend ist es unmöglich, klar zu trennen, was wer wie und wann gesagt hat.

Zwei Tage vor den Sommerferien eskalierte die Situation schließlich, so dass ein Kontrahent übers Handy seine Eltern vom Streit in der Klasse benachrichtigte. Die Lehrkraft informierte die Schulleitung, diese – selbst im wichtigen Gespräch – bat die Schulpsychologin und die Beratungslehrerin die Wogen in der Klasse zu glätten.

Während die Beratungslehrkraft in der Klasse versuchte, die Gemüter zu beruhigen, traf die Schulpsychologin im Gang auf die fast schon handgreiflich werdenden Eltern Saschas, die ebenfalls per Handy von ihrem Sohn gerufen worden waren und auf die aufgebrachten Eltern des Kontrahenten im Schulgang gestoßen waren. Die Eltern beider Schüler waren in der Schule erschienen und hatten sich unglücklicherweise so mit in den Streit ihrer Söhne hineinziehen lassen, dass es beinahe zu einer Prügelei gekommen wäre. Übrigens angesehene, sehr erfolgreiche Eltern! Die Schulpsychologin trennte die Eltern räumlich und versuchte sie einigermaßen zu beruhigen.

Eltern sind nicht die Stellvertreter ihrer Kinder

Wozu die Schilderung dieses Falles? Er soll dazu sensibilisieren, sich nicht zu sehr in die Belange der Kinder einzumischen oder zu versuchen, stellvertretend für das Kind Probleme zu lösen. Wie man sieht, wurde alles ab dem Zeitpunkt schlimmer, als sich die Eltern einmischten.

Was hätten die Eltern von Sascha stattdessen tun können? Erstens: Sascha auf den Schulwechsel sachlich neutral hinführen. Selbst wenn die Mutter sich damit einen Traum erfüllen will, den sie selbst nicht verwirklichen konnte, darf sie ihrem Sohn die »alte« Schule deswegen nicht schlecht machen. Diese Schwarz-Weiß-Malerei ist unrealistisch und hilft dem Sohn in keiner Weise weiter, sondern erschwert die Situation unnötig. Zweitens: Auf keinen Fall die Freundinnen oder Freunde des eigenen Kindes per E-Mail, Telefon oder über andere Netzwerken schlecht machen, kränken oder beleidigen. Stattdessen das Kind bitten, selbst das Gespräch mit den Freunden zu suchen. Eltern müssen sich vor unreflektierter, einseitiger Parteinahme für ihr Kind hüten. Es nützt dem Kind nichts, wenn Eltern sich immer auf seine Seite stellen und nicht auch die andere Seite hören. Eltern kennen ihr Kind am besten, wissen um die Stärken ihres Kindes, aber auch um seine Schwächen. Sie schaden ihrem Kind, wenn sie die Schwächen ausblenden nach dem Motto: »Die anderen sind immer schuld!« Denn ist ihr Kind außerhalb des Schonraums Familie und Schule, wird es auf eigene Schwächen durch die Realität wesentlich unsanfter hingewiesen. Deshalb ist es für Kinder nötig, möglichst früh zu lernen, ihre eigenen Schwächen zu erkennen und Handlungsstrategien aufgezeigt zu bekommen, wie man mit diesen umgeht. Auch Niederlagen gerade im zwischenmenschlichen Bereich einstecken zu müssen ist eine Erfahrung, die wehtut, aber im Leben leider nicht ausbleibt. Selbstverständlich sollen Eltern eingreifen, wenn ihr Kind gemobbt wird – sie sollten dies jedoch immer mit Augenmaß tun, damit die Situation nicht weiter eskaliert.

I

Ursachen für Mobbing

Nach der Darstellung der Fallbeispiele stellt sich die Frage, was Täter eigentlich dazu treibt, andere Schüler der Lächerlichkeit preiszugeben, sie zu schikanieren, zu ignorieren, auszugrenzen, über sie zu lästern, ihnen Dinge wegzunehmen oder kaputtzumachen und Mitschüler zu demütigen. Die Antwort darauf ist nicht einfach zu finden. Häufig handelt es sich um einen unheilvollen Drang, auf Kosten anderer sein eigenes Selbst aufzuwerten, indem man Macht über sie ausübt: Macht über das Opfer, das sich aus eigener Kraft nicht davon befreien kann, und Macht über die schweigende Masse der Mehrheit, die zusieht und es geschehen lässt. Diese – selbst eingeschüchtert – wagt es nicht, gegen das Unrecht zu rebellieren. Zu groß ist oft die Angst, man könnte selbst der Nächste sein, der ausgegrenzt wird. So beteiligt man sich an den Aktionen oder toleriert sie zumindest stillschweigend. Nur wenige Zuschauer wagen es, Partei für das Mobbingopfer zu ergreifen und gegen das Unrecht zu protestieren. So fällt es dem Täter leicht, durch Einschüchterung eine zahlenmäßig größere, jedoch schweigende Mehrheit stillzuhalten, obwohl es immer wieder Schüler gibt, die sein oder ihr Verhalten dem Mobbingopfer gegenüber für nicht richtig halten. Ein weiterer Grund für Mobbing könnte darin bestehen, dass das Einfühlungsvermögen, auch Empathie genannt, bei manchen Jugendlichen nur noch rudimentär ausgebildet ist. Da sie gewöhnt sind, auf nichts verzichten zu müssen und immer im Mittelpunkt zu stehen, haben einige Jugendliche keine Sensoren für ihr soziales Umfeld entwickeln können. Nur sich und ihr eigenes Wohlergehen vor Augen, zentriert auf ihr Ego, können sie sich nicht vorstellen, was sie anrichten, wenn sie andere ausgrenzen und ausbremsen. Manchen ist es auch einfach egal, dass sie ihren Mitschülern Leid zufügen. So, wie man es bei Schlägereien beobachten kann, wird weiter auf das Opfer eingetreten, obwohl es bereits am Boden liegt. Mitgefühl? – Fehlanzeige! Im Gegenteil, diese Demonstration von brutaler Gewalt wird medienwirksam gefilmt, umrahmt von zum Teil sogar noch johlenden Zuschauern. Zugegeben, ein zugespitztes Szenario, das zum Glück auf Schulhöfen bisher selten stattfindet, aber auf öffentlichen Bahnhöfen bereits traurige Realität ist.

Oder liegen die Gründe für Mobbing an den Schulen in der zunehmenden sozialen Kälte, in der nur derjenige gewinnen kann, der sich am besten durchsetzen kann und die nötigen Ellbogen hat? Dafür bekommen die Jugendlichen genügend Beispiele aus der Welt der Erwachsenen geliefert. Da räumt man skrupellos beiseite, was im Weg steht, und erklimmt ohne Moral und Gewissen die Karriereleiter nach oben. Unsere Kinder und Jugendlichen spiegeln die Gesellschaft wider. Leben wir ihnen einen fairen Umgang miteinander vor, der geprägt ist von Respekt und Wertschätzung, dann orientieren sich unsere Kinder daran und lernen sozial kompetentes Verhalten.

So ist es erwiesen, dass an Schulen, an denen ein respektvoller, wertschätzender Umgangston herrscht, wo die Schüler sich ernst- und wahrgenommen fühlen, Mobbing wesentlich seltener ein Thema ist. Hingegen kommt an Schulen mit starkem Konkurrenzdenken, Leistungsdruck und unpersönlicher, kalter Atmosphäre Mobbing sehr viel öfter vor. Wenn Lehrer sich abschätzig gegenüber den Schülern äußern, ihnen nicht genug Unterstützung bieten und Regeln für das Sozialverhalten fehlen, wird die Hemmschwelle für Ausgrenzung und Mobbing offenbar deutlich geringer. Es ist eindeutig bewiesen, dass das Schulklima ein entscheidender Faktor ist, ob Mobbing und körperliche Gewalt in der Schule stattfinden oder nicht. Daneben gibt es noch weitaus mehr Faktoren, die sich auf das Verhalten von Schülern auswirken. Jeder Fall ist individuell. Es gibt keine pauschalen Mobbingursachen, weil auch die Einflussfaktoren, die Mobbing zugrunde liegen, stark variieren.

Präventionsmaßnahmen

Damit Mobbing vermieden werden kann, ist es die Aufgabe und Verpflichtung von Eltern und Lehrern, alles daranzusetzen, dass Erwachsene den Kindern und Schülern selbst mit achtsamer Wertschätzung begegnen und ihnen Werte vermitteln. Dies ist die beste Präventionsmaßnahme. Ein Mensch, der sich von seiner Umwelt angenommen, geliebt und geachtet fühlt, ist stark genug, sich gegen Unrecht zur Wehr zu setzen, Missstände anzusprechen oder sich Hilfe zu holen.

Deshalb ist es an den Schulen, an denen wir als Schulpsychologinnen tätig sind, Tradition, für jeweils ein Schuljahr einen Aspekt des gesellschaftlichen Miteinanders besonders in den Fokus zu nehmen. Ein Thema ist zum Beispiel Achtsamkeit. Alle Fachschaften beteiligen sich daran und stellen Überlegungen an, wie der Begriff in den Schulalltag eingebunden und mit Leben gefüllt werden kann. Denn nur wenn in einem Zusammenspiel aller an der Schule beteiligten Personen, nämlich Lehrer, Eltern und Schüler, ein Konsens getroffen wird, dass ein bestimmtes Thema, in unserem Fall Achtsamkeit, wichtig für die Schulgemeinschaft ist, ergibt sich ein Synergieeffekt. Alle Betroffenen werden zu Beteiligten, indem sie sich unabhängig voneinander überlegen, was jeder Einzelne zum Thema beitragen kann: So diskutieren die Klassensprecher in einem Klassensprecherseminar Aktionen zum Wertebegriff Achtsamkeit, die Lehrer machen sich in ihren Fachschaftssitzungen und Lehrerkonferenzen Gedanken, wie das Thema in den Unterricht und den Schulalltag eingebunden werden kann, und die Elternvertreter planen in ihren Gremien Schulaktionen zum Begriff Achtsamkeit. Damit wird dem Thema Mobbing der Nährboden entzogen, weil die Gemeinschaft durch ein verbindendes Element gestärkt wird. Wenn alle sich jeden Tag darum bemühen, dem anderen mit Respekt zu begegnen, ist das nicht nur die beste Mobbingprävention, sondern auch die Chance, sozial erwünschtes und kompetentes Verhalten dauerhaft zu trainieren. Denn nur was trainiert und in Handlung umgesetzt wird, hat, wie man aus der Gedächtnisforschung weiß, dauerhafte Wirkung.

Eine andere Präventionsmaßnahme an Schulen kann ein regelmäßiger Morgenkreis darstellen. So könnte jeden Montagmorgen eine halbe Stunde lang (alle Schulstunden sind an diesem Vormittag um fünf Minuten gekürzt) über ein Wertethema diskutiert werden. Die Lehrer hätten hier die Möglichkeit, außerhalb des Unterrichtes mit den Schülern in Kontakt zu treten und Stimmungen, die in der Klasse herrschen, wahrzunehmen. Bei Mobbingverdacht könnte so schneller gehandelt werden. Hierzu eignet sich hervorragend ein individuell entwickelter Fragebogen, der Einblick in Klassenverhältnisse gibt, ohne dass die Schüler das Gefühl haben, überwacht zu werden, denn im Rahmen des Morgenkreises werden sowieso immer wieder Themen, die das Sozialverhalten der Schüler betreffen, aufgegriffen. So kann sich jeder anonym äußern und gerät nicht in den Verdacht zu »petzen«. Ein weiterer Vorteil eines solchen Fragebogens ist, dass man den Schülern die Auswertung des Bogens vorlegen und mit ihnen die Ergebnisse diskutieren kann, ohne dass ein konkretes Ereignis zugrunde liegen muss. Damit kann rechtzeitig auf Missstände hingewiesen werden, noch bevor es zur Eskalation gekommen ist. So kann relativ nüchtern und sachlich, vor allem ohne aufgestaute Emotionen diskutiert und die Klassensituation einer Analyse unterzogen werden. Niemand fühlt sich in die Enge getrieben oder wird angegriffen. Jeder kann seine Meinung in einer entspannten Atmosphäre frei äußern. So wird der Einzelne zum Nachdenken und vor allem zum Überdenken der festgestellten negativen Tendenzen in der Klasse angeregt. So bietet sich eine unverfängliche und damit zielgerichtete Präventionsmaßnahme, die für den Lehrer und die Schüler hilfreich sein kann, um Probleme in den Griff zu bekommen.

Fragebogen zur Mobbingprävention

Dieser von uns Schulpsychologinnen entwickelte Fragebogen gibt eine subjektive Einschätzung jedes Schülers innerhalb eines Klassengefüges wider. Daraus können wichtige Informationen über das Befinden des Einzelnen in der Klasse sowie über den Zusammenhalt und das Klima in der Klasse gezogen und mit den Schülern diskutiert werden. Dieser Fragebogen kann ergänzend oder auch alternativ zu einem Soziogramm (siehe Seite 92) eingesetzt werden.

---

1 Fühlst du dich in der Klasse
   ☐ gut?
   ☐ nicht besonders wohl?
   ☐ schlecht?

---

2 Wie schätzt du das Klima in deiner Klasse ein?
   ☐ sehr gut
   ☐ könnte besser sein
   ☐ schlecht

---

3 Ist ein Zusammenhalt in deiner Klasse spürbar?
   ☐ ja
   ☐ nein
   ☐ in manchen Fällen

---

4 Wo stehst du in der Klasse?

☐ Ich komme mit den meisten gut aus. Sie achten mich.

☐ Manche mögen mich, andere nicht.

☐ Ich bin sehr beliebt.

☐ Viele sind gemein zu mir.

☐ Die meisten beachten mich gar nicht. Ich werde ignoriert.

5 Was trifft für deine Klasse zu?

☐ Eine kleine Gruppe bestimmt, was gemacht wird.

☐ Entscheidungen werden mehrheitlich getroffen.

☐ Es gibt Außenseiter in der Klasse.

☐ Ich habe den Eindruck, dass sich alle wohlfühlen.

☐ Ich habe den Eindruck, dass sich einer/manche in der Klasse unwohl fühlen.

Abschließende Worte

Als wichtigste Aufgabe für Eltern, Lehrer und Schulleitung bleibt die Sensibilität für die ihnen anvertrauten
Kinder. Eltern kennen die Kinder durch den täglichen
Umgang am besten. So fallen ihnen Anzeichen von
Verhaltensänderungen wie sozialer Rückzug, Leistungsabfall, Desinteresse an der Schule oder Bauchweh vor
Schultagen zuerst auf. Beim Verdacht auf Mobbing darf
man nicht zu lange abwarten. Es muss natürlich nicht
hinter jedem Unwohlsein am Morgen ein Mobbingvorfall stecken, aber wenn sich die Symptome nicht bessern,
sondern andauern, dann darf man sich als Vater oder
Mutter nicht scheuen, die Schule zu informieren. Andererseits werden aufmerksame Lehrer Eltern sicherlich
informieren, wenn ihnen etwas auffällt. Allerdings haben
es Lehrkräfte nicht immer leicht, die Vorgänge hinter
den Fassaden zu erkennen, da die Täter, wie gezeigt, ihre
Attacken sehr geschickt in den Zwischenpausen pla-
tzieren.

Neben der Achtsamkeit und Aufmerksamkeit der

wichtigsten Bezugspersonen des Kindes ist es dringend geraten, dass sich diese vernetzen und in vertrauensvoller Zusammenarbeit mit Schulleitung, Beratungslehrkraft oder Schulpsychologin kooperieren. Schule und Elternhaus müssen zusammenwirken. Eltern sollen und müssen den Mut und die Offenheit aufbringen, der Schule mitzuteilen, wenn ihnen Dinge auffallen, die sie beunruhigen. Allein werden Eltern und Kinder das Problem nicht lösen. Denn wenn Täter es erst einmal geschafft haben, eine ganze Klasse zu manipulieren, und zwar so, dass die Klasse die Mobbingattacken mit der Zeit akzeptiert, sie für normal oder sogar berechtigt hält, ist es schwer einzugreifen, weil das bis dahin »gesunde« Sozialverhalten der ganzen Klasse in ihrem Fundament erschüttert ist.

Was richtiges und was falsches Verhalten ist, ist für die Klasse nicht mehr erkennbar, so dass oft die einzige Lösung darin besteht, dass das Opfer die Schule verlässt. Damit wird dem Täter durch das Signal »Ich räume das Feld, du hast gewonnen!« neuer Aufwind gegeben. Das wäre fatal. Deshalb ist Kommunikation bei Mobbing so wichtig. Das offene, zeitnahe Gespräch wirkt manchmal Wunder. Die gegenseitige Information ist entscheidend, um ein ganzheitliches Bild der Situation zu erfassen. Denn oft entstehen Missverständnisse erst dadurch, dass – wie bei einem Eisberg – nur ein kleiner Teil sichtbar ist. Der entscheidende, größere Brocken ist aber unter der Oberfläche weiter vorhanden und wird deshalb nicht aufgearbeitet. Und wie der unsichtbare Eisberg Schaden anrichtet, so verhindern aus Angst oder Scham verschwiegene, aber wichtige Hinweise eine offene Kommunikation. Keiner der Beteiligten kann wirksam handeln, wenn entscheidende Informationen fehlen. Es entsteht eine Verlustsituation, eine für beide Seiten gewinnbringende, befriedigende Lösung bleibt aus.

An den Fallbeispielen sieht man, welche wichtige Aufgabe Eltern leisten müssen, nämlich die permanente Hinwendung und Unterstützung des Kindes – Tag für Tag, und zwar jahrelang! Diese Verantwortung endet auch nicht, wenn das Kind auf einer höheren Schule ist. Bildung schützt nicht vor sozialem Fehlverhalten. Deshalb müssen Eltern, aber auch Lehrer, Freunde und Vertraute genau auf das Kind achten und hinsehen. Das ist zwar mühsam und gerade bei pubertierenden Kindern nicht immer einfach. Aber man muss bedenken, dass Kinder nicht die Fähigkeit haben, wie Erwachsene zu reagieren. Sie werden nicht für sich selbst eintreten, sondern leiden meist still. Deshalb müssen Erwachsene ihnen Handlungsmöglichkeiten geben, sich zum Anwalt der Kinder machen und sofort die notwendigen Schritte einleiten, wenn sie das Gefühl haben, dass etwas nicht stimmt.

»Fortes fortuna adiuvat – den Mutigen hilft das Schicksal!« Das wussten bereits die Römer.

Empfehlungen zur Lektüre

Für Lehrkräfte, die eine wissenschaftlich fundierte, systematische und kompakte Darstellung mit Übersichten als Arbeitshilfe zu diesem Thema suchen, ist folgendes Buch zu empfehlen:

Schubarth, Wilfrid: Gewalt und Mobbing an Schulen. Kohlhammer 2010

Außerdem möchten wir interessierten Lehrerinnen und Lehrern Fortbildungen zu den Themen »*Shared Concern Methode*«, eine Methode zum Umgang mit Mobbing in einer Klasse, und »*Classroom Management*«, das handlungsorientierte Ansatzmöglichkeiten zum Umgang mit schwierigen Klassen bietet, sehr ans Herz legen.

Um zum Thema »*Mobbing*« mit Kindern ins Gespräch zu kommen, möchten wir auch Lektüren empfehlen, entweder als Klassenlektüre oder für den häuslichen Gebrauch:

Welsh, Renate: Sonst bist du dran. Arena 2011
Thor, Annika: Ich hätte NEIN sagen können. Beltz 2006

Für Kinder und Jugendliche sei www.juuuport.de genannt, eine Selbstschutz-Plattform von Jugendlichen für Jugendliche im Web, die auch zu Cybermobbing gute Tipps geben können.